SHAKESPEARE E O DRAMA

CB071089

Conheça os títulos da Coleção Biblioteca Diamante:

A arte da guerra e da liderança — Napoleão Bonaparte

A arte de ter razão — Arthur Schopenhauer

A decadência da mentira e outros ensaios — Oscar Wilde

A literatura, os escritores e o Leviatã — George Orwell

A mão invisível do mercado — Adam Smith

As dez melhores histórias do Decamerão — Giovanni Boccaccio

D. Benedita, Clara dos Anjos e outras mulheres — Machado de Assis e Lima Barreto

Histórias, aforismos e profecias — Leonardo da Vinci

O elogio do ócio e outros ensaios — Robert Louis Stevenson

O lustre — Clarice Lispector

Podem me chamar de louca — Hilda Hilst

Profissões para mulheres e outros ensaios — Virginia Woolf

Shakespeare e o drama — Lev Tolstói

Um pecador se confessa — Santo Agostinho

LEV TOLSTÓI

SHAKESPEARE E O DRAMA

TRADUÇÃO
E PREFÁCIO
AURORA BERNARDINI

COLEÇÃO
**BIBLIOTECA
DIAMANTE**

EDITORA
NOVA
FRONTEIRA

Título original: *О ШЕКСПИРЕ И О ДРАМЕ*

Direitos de edição da obra em língua portuguesa no Brasil adquiridos pela EDITORA NOVA FRONTEIRA PARTICIPAÇÕES S.A. Todos os direitos reservados. Nenhuma parte desta obra pode ser apropriada e estocada em sistema de banco de dados ou processo similar, em qualquer forma ou meio, seja eletrônico, de fotocópia, gravação etc., sem a permissão do detentor do copirraite.

EDITORA NOVA FRONTEIRA PARTICIPAÇÕES S.A.
Rua Candelária, 60 — 7.º andar — Centro — 20091-020
Rio de Janeiro — RJ — Brasil
Tel.: (21) 3882-8200

Dados Internacionais de Catalogação na Publicação (CIP)

T654s
    Tolstói, Lev

        Shakespeare e o drama / Lev Tolstói ; traduzido por Aurora Bernardini — 1.ª ed. — Rio de Janeiro : Nova Fronteira, 2021.
        (Coleção Biblioteca Diamante)
        184 p.

        ISBN: 978-65-5640-349-6

        1 Ensaio 2. Literatura russa. I. Bernardini, Aurora. II. Título

        CDD: 891.73
        CDU: 82 4

André Queiroz – CRB-4/2242

SUMÁRIO

PREFÁCIO · AURORA BERNARDINI   7

NOTA DA TRADUTORA   17

SHAKESPEARE E O DRAMA   19
**A ATITUDE DE SHAKESPEARE PARA COM
   AS CLASSES TRABALHADORAS** · ERNEST CROSBY   121
CARTA DE G. BERNARD SHAW   175

SOBRE O AUTOR   181

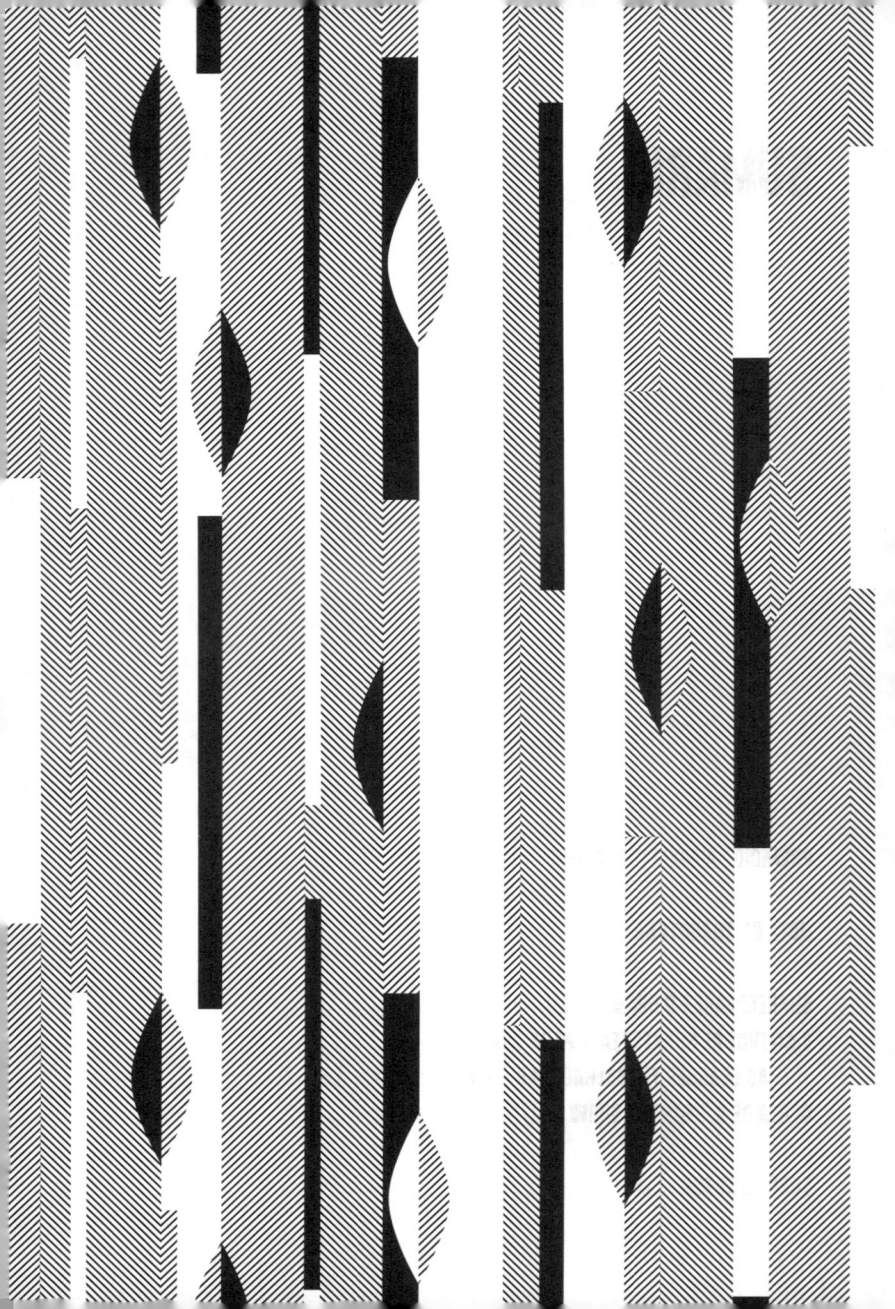

PREFÁCIO
AURORA BERNARDINI

"Tolstói (1828-1910) é o maior prosador russo", diz Vladimir Nabokov em suas *Lições de literatura russa* (começadas em 1940, mas publicadas a partir de seu espólio, em 1981). "À primeira vista", continua o autor, "pareceria que a ficção de Tolstói é fortemente infectada por suas posições doutrinárias. Na verdade, sua ideologia era tão moderada, tão vaga e tão distante da política que sua arte — tão potente, tão ferozmente brilhante, tão original e universal — transcendeu o sermão demasiadamente. [...] Na juventude, o libertino teve melhores oportunidades e prevaleceu. Mais tarde, após seu casamento, em 1862, Tolstói encontrou uma paz temporária na vida em família, dentro da qual administrava sabiamente sua fortuna — possuía terras férteis na região do Volga — e escreveu a sua melhor prosa. [...] Mais tarde, no fim da década de 1870, quando tinha mais de quarenta anos, sua consciência triunfou:

os fatores éticos superaram tanto o estético quanto o pessoal, levando-o a sacrificar a felicidade da esposa, a vida familiar pacífica [Tolstói decidiu que não lhe seriam mais pagos os direitos autorais de seus livros, dos quais vivia a família, para que todos pudessem lê-los] e a sublime carreira literária, àquilo que considerava uma necessidade moral: viver de acordo com os princípios da moralidade cristã racional — a vida simples e severa da humanidade em geral, em vez da aventura excitante da arte individual." "Entretanto", diz Górki em suas reminiscências sobre Tolstói, "sempre me afastava de Tolstói essa sua obstinada e despótica ambição de transformar a vida do conde Lev Nikoláievitch Tolstói na 'vida do santo padre nosso beatífico boiardo Lev'." E essa necessidade moral continuou, cada vez mais premente e acentuada, revelando-se em sua nova forma de escrever, até quando, aos 82 anos, em 1910, fugiu de casa rumo a um mosteiro aonde nunca chegou, pois, conforme se sabe, morreu em viagem, na estação de trem de Astápovo.

São dessa última e longa fase não mais suas obras-primas do romance psicológico do século XIX, mas lendas, contos, a maioria deles notáveis, como *A morte de Ivan Ilitch* e *Kholstomér* (ambos de 1886), *Padre Sérgio* e *Depois do baile* (ambos publicados postumamente, em 1911) e, principalmente, ensaios de caráter pedagógico, crítico, moral e/ou religioso, sendo que nesses últimos pode-se notar, progressivamente, "o desenvolvimento lógico da nova religião que ele formulou — uma mistura neutra de Nirvana hindu com o novo Testamento, Jesus sem a igreja", como novamente explica Nabokov.

O ensaio que é apresentado aqui foi escrito entre 1903 e 1906, um dos últimos, portanto, de sua produção. Encontramos nele, já no título *Sobre Shakespeare e o drama* (preferimos deixar "drama" e não "teatro" porque esse termo designa, tanto em russo quanto em inglês e em português, além de "teatro", uma "obra teatral caracterizada por fortes contrastes, paixões e conflitos entre os personagens, e cujo gênero fundamental é a tragédia"), a primeira grande questão: como explicar esse ataque de Tolstói a Shakespeare, reiterado em quase todas as páginas?

"O mais notável ressentido de Shakespeare foi o conde Lev Nikoláievitch Tolstói, um dos não reconhecidos ancestrais da Escola do Ressentimento", diz Harold Boom em seu *Cânone ocidental*. "Ei-lo num pungente posfácio a seu famoso livro *O que é a arte?* (1898)", é assim que Bloom chama o ensaio, que vê o ressentimento de Tolstói, aparentemente em termos de ciúme, de rivalidade, pela grande repercussão mundial alcançada tanto por ele quanto por Shakespeare. Entretanto, atrás dessa aparência de rivalidade há motivos, digamos, estruturais. Shakespeare via seus personagens, contrariamente ao que pretendia Tolstói, em termos de mutabilidade e de antítese. "A peculiar magnificência de Shakespeare está em seu poder de representação do caráter e personalidade humanos em suas mutabilidades", diz Bloom, e Erich Auerbach reitera: "Shakespeare mistura o sublime e o baixo, o trágico e o cômico numa inesgotável plenitude de modulações [...] e entre as tragédias não há nenhuma na qual um só nível estilístico seja conservado."

"E a natureza", particularmente em *Rei Lear*, que é onde Tolstói mais detalhadamente critica Shakespeare, "é ferida quase até a morte [...]. O que mais importa é a mutilação da natureza, e o nosso senso do que é ou não é natural em nossas vidas. No centro de *King Lear*, da mais forte obra literária que já conheci", conclui Bloom, "há um fosso terrível e deliberado, um nada cosmológico no qual somos lançados. Uma sensível apreensão da tragédia do Rei Lear nos dá a sensação de que fomos lançados para fora e caímos até ficarmos sem valores, inteiramente despojados. Não há transcendência no fim de Rei Lear."

Ora, o leitor verá que as justificativas que o Tolstói moralista, pedagogo e conservador da última fase dará para a sua diatribe contra Shakespeare implicam certo tipo de valores não mutáveis, natureza dominante, moralidade e transcendência, justamente o que foi negado por Shakespeare em sua grande obra, projetando-o para além de seu tempo.

Outras questões: quais são as características propostas por Tolstói, para esse "drama"? De onde ele as tirou, como se explicam, e quais ainda permanecem válidas? E *last, but not least*, como se desdobram os conceitos de religião e de moral, entre essas características?

Comecemos pelo começo. Veja-se o que diz, em sua carta sobre Shakespeare e Tolstói, aqui publicada, o irlandês George Bernard Shaw: "Segundo a apreciação de Tolstói, ou Shakespeare permanece como pensador, ou então ele cai. A esse respeito, eu não creio que ele possa resistir ao exame imediato de um realista religioso tão tremendamente afiado e crítico. Infelizmente, os ingleses veneram seus grandes artistas de forma tão indiscriminada e exagerada que é praticamente impossível fazê-los compreender que a extraordinária força literária de Shakespeare, seu espírito, sua capacidade de mimetização e as qualidades cativantes que lhe fizeram merecer o título de *the gentle Shakespeare* — fatos, esses, absolutamente inquestionáveis, seja o que for que diga Tolstói —, não permanecem ou desaparecem com sua absurda reputação como pensador."

Esse trecho já responde, pela metade, às críticas de Tolstói. Shakespeare foi, é e será um grandíssimo poeta, "seja o que for que diga Tolstói".

Talvez pelo fato de Tolstói, que conhecia perfeitamente o francês e o alemão (e tinha aprendido o grego por conta própria), não conhecer tão profundamente o vernáculo inglês, conforme diz Harold Bloom no seu ensaio "Tolstói e o heroísmo" (de *O cânone ocidental*), ou talvez (também) pelo fato de Tolstói estar tão embevecido por seu afã de criticá-lo, o fato é que não soube apreciar devidamente essa extraordinária força poética de Shakespeare. Com a poesia de Shakespeare ocorreu-lhe o mesmo que acontecia no seu admirável conto "Kholstomér", cujo protagonista é um velho cavalo que conta as suas memórias e que, quando vai descrever uma ópera que espiou nos bastidores de um teatro, assim se refere a ela, no auge do estranhamento (cito de memória): "Uma mulher que abre e fecha a boca, soltando gritos, e um homem que chega com um pau querendo bater nela."

Pois bem, os resumos e os trechos em verso das peças de Shakespeare que Tolstói comenta em seu ensaio não são, em sua maioria, reproduções fiéis dos originais, mas são — como que — reproduzidos de orelhada. O efeito de estranhamento que o leitor sente, lendo em russo (e que tentamos manter, traduzindo o texto diretamente do original), raia o tragicômico e contribui para dar ao todo o tom de um certo escárnio. Diferentemente do que é dado na tradução para o inglês de V. Tchertkoff e I. F. M., excelente, por sinal, em que, porém, os trechos das obras são a reprodução *ipsis litteris* da linguagem poética grandiosa e arcaizante dos escritos de Shakespeare.

Apesar de algumas críticas feitas por Tolstói a certos aspectos das peças de Shakespeare poderem admitir justificativa, a questão da poesia shakespeariana fica completamente acima de qualquer suspeita.

Passemos, agora, para essas críticas. Elas procedem quando se referem ao fato de que os dramas shakespearianos, quando comparados às lendas, novelas, relatos históricos ou mesmo peças que serviram de inspiração para Shakespeare, e que Tolstói meritoriamente relata, são entremeados de episódios e falas que parecem "inaturais".

Vejamos, de novo, o que diz Harold Bloom, no ensaio citado: "Shakespeare irrita Wittgenstein, que aparentemente temia quase tanto o dramaturgo de *Hamlet* e *King Lear* quanto o temia Tolstói [...]. Tolstói, em particular, não podia perdoar o que aconteceu em *Rei Lear*, e pode ser que *Hadji Murad* [o livro de Tolstói que Bloom considera sua maior obra-prima], apesar de todo seu shakespearianismo inconsciente, seja uma crítica à maneira como o herói trágico de Shakespeare desencadeia forças que estão além do conhecimento humano. Hadji Murad, já que tem de continuar sendo ele mesmo, o mais bravo dos tártaros, [ele é checheno] não pode salvar-se, mas não combate nem evoca forças demoníacas. Só é trágico porque é heroico e natural, e ainda assim tem que enfrentar obstáculos impossíveis."

A naturalidade é um dos grandes trunfos de Tolstói contra Shakespeare.

Ao mesmo tempo, porém, que todas essas forças sobrenaturais, mágicas ou paranaturais invocadas por Shakespeare fazem realmente parte dos "ornamentos" artificiais tão castigados por Tolstói, elas servem, curiosamente, para responder a outra crítica, também reiterada e acompanhada por extensa exemplificação, feita a Shakespeare por Ernest Crosby, em seu ensaio "A atitude de Shakespeare para com a classe trabalhadora", igualmente publicado aqui. Se é verdade que Shakespeare escrevia suas peças para "as classes superiores": reis, príncipes, damas e cortesãos, é verdade também que ele as fazia representar tendo em vista quem? Quem gostava particularmente de invenção, assassinatos, violações, mutilações, enganos, reviravoltas, bufonaria, facécias, magia, intervenção sobrenatural... ou seja, para o "povo" que lotava seus teatros, em particular o Globe Theatre, que chegou a ser destruído por obra dos puritanos e que, na época de Shakespeare, tinha a lotação de três mil lugares!

Verifiquemos, ou — como gosta de dizer Tolstói —, "aclaremos", agora, mais duas questões importantes: a da religião e a da arte. A religião não é apenas a versão de "O sermão da montanha" que ele reduziu, em seus escritos sobre o cristianismo, a quatro mandamentos para "o pobre povo russo". No longo ensaio em tela ele chega a dizer, associando ao conceito de "religião", que estaria faltando a Shakespeare o que ele entende por isto: a relação com o universo, com o infinito, com o eterno e — novamente — com a natureza.

Quanto à arte, a questão é controversa. É válido, ainda hoje, Tolstói haver insistido no conceito de "contágio" que deveria existir entre o autor e o fruidor, que — por sinal — ele desenvolveu amplamente em seu livro, também controverso, *O que é a arte?* (Voltaire, entre outros, gostava muito de suas "boutades", nesse livro), e esse contágio não pode existir se o autor/artista/criador não acreditar profundamente no que faz. E é válida, principalmente, sua exigência que cada personagem fale com sua linguagem própria (coisa que, conforme se verá, segundo ele não ocorre em Shakespeare), mas já não é válida — entretanto — sua proposta da religião na arte. Mesmo ampliando o conceito de religião e mesmo restringindo ao seu tempo o uso da religião na arte, Tolstói prefere haver esquecido, nesse seu ensaio, o que nunca esqueceu em suas grandes obras de ficção: que o que realmente cabe à arte é a discussão de todas as tendências, sejam elas religiosas ou não.

Quanto a seu vaticínio sobre os principais aspectos da arte futura e seus efeitos sobre o público, eles são, hoje, todo o contrário do que ele propunha e, por uma grande ironia da história, parecem se aproximar cada vez mais aos que ele tanto castigou nos dramas de Shakespeare.

Mas vamos deixar aos leitores o prazer de descobrir as argumentações argutas dos três trabalhos aqui apresentados e o prazer de se divertir com as recriações e os estranhamentos de Tolstói.

Bibliografia

AUERBACH, Erich. *Mimesis: a representação da realidade na literatura ocidental*. São Paulo: Perspectiva, 1971.

BLOOM, Harold. *O cânone ocidental*. São Paulo: Objetiva, 2001.

GÓRKI, Máximo. *Três russos e como me tornei um escritor*. São Paulo: Martins Fontes, 2006.

NABOKOV, Vladimir. *Lições de literatura russa*. São Paulo: Três Estrelas, 2014.

TOLSTÓI, Lev. "Shakespeare e o drama", original russo. Acesso: https://rvb.ru/tolstoy/01text/vol_15/01text/0332.htm

TOLSTOY, Leo. *Tolstoy on Shakespeare: a critical essay on Shakespeare*. Tradução para o inglês de V. Tcherkoff e I. F. M.

NOTA DA TRADUTORA

A fim de padronizar as citações de obras de Shakespeare que ocorrem no ensaio de Ernest Crosby, optou-se, em sua maioria, pela seguinte tradução: William Shakespeare. *Obra completa I; II; III*. Rio de Janeiro: Editora Nova Aguilar de 1988. As demais traduções que não correspondem a esses volumes estão indicadas nas notas de rodapé. As traduções e as notas aos textos sem indicação são de autoria da tradutora.

SHAKESPEARE E O DRAMA[1]
(ENSAIO CRÍTICO)

I

O artigo do senhor E. Crosby sobre a atitude de Shakespeare em relação às classes trabalhadoras sugeriu-me a ideia de dar também a minha opinião, há muito tempo formada, a respeito dos trabalhos de Shakespeare, por sinal, em oposição direta àquela estabelecida em todo o mundo ocidental. Lembrando todo aquele esforço de dúvida e de autoenganação que eu fiz para me adequar àquela opinião, esforço esse ao qual me submeti em função de minha total discordância dessa reverência universal, e supondo que muitas pessoas devam ter experimentado e experimentem o mesmo que eu, acredito que não será infrutífero expressar

---

1. Retirado de "Shakespeare e o drama", original russo. Acesso: 10/07/2021 https://rvb.ru/tolstoy/01text/vol_15/01text/0332.htm.

de forma clara e franca essa minha discordância da opinião da maioria. E isso, com maior razão, pelo fato de que as conclusões a que cheguei, ao analisar as causas dessa minha discordância, não me parecem privadas de interesse e de significância.

Minha discordância com a opinião estabelecida sobre Shakespeare não é consequência de um estado de espírito ocasional ou de uma atitude leviana para com assunto, mas é o resultado de muitas tentativas obstinadas, e continuadas durante muitos anos, para harmonizar minha visão sobre Shakespeare com as opiniões estabelecidas por todas as pessoas estudadas do mundo cristão.

Lembro a surpresa que tive à primeira leitura de Shakespeare. Esperava experimentar um grande prazer estético, mas lendo, uma após a outra, suas melhores obras: *Rei Lear*, *Romeu e Julieta*, *Hamlet* e *Macbeth*, não apenas não senti prazer algum, mas senti uma aversão irresistível e tédio. Então, fiquei em dúvida: seria eu o insensato, achando banais e decididamente ruins obras consideradas o máximo da perfeição por todo o mundo civilizado, ou seria insensato o significado que esse mundo civilizado dá às obras de Shakespeare? Minha perplexidade era acentuada pelo fato de eu sempre ter sido capaz de sentir vivamente a beleza da poesia em todas as suas formas; por qual motivo, então, a aceitação que o mundo todo tinha da genialidade das obras de autoria de Shakespeare não apenas não me agradava, mas chegava a me desgostar? Por muito tempo não acreditei em mim e durante cinquenta anos, para testar-me, apliquei-me várias vezes a ler Shakespeare de todas as formas possíveis: em russo, em inglês, em alemão, na tradução de Schlegel, que me havia sido recomendada. Reli os dramas, as comédias, as peças históricas e continuei sentindo invariavelmente a mesma coisa: aversão, tédio e incredulidade. Agora, antes de escrever este ensaio, com meus 75 anos e desejoso de confirmar mais uma vez o que sentia, li novamente Shakespeare inteirinho, de *Lear*, *Hamlet* e *Otelo* até as peças históricas dos Henriques, *Troilo e Créssida*, *A tempestade*, *Cimbelino* e experimentei, ainda mais intensamente, os mesmos sentimentos. Contudo, dessa vez não senti perplexidade, mas uma certeza firme e indubitável de que a inquestionável fama de grande e genial escritor que Shakespeare goza, fama essa que leva os escritores de nosso tempo a imitá-lo, e os leitores e os espectadores a descobrir nele méritos não existentes, é um grande mal, como é má cada inverdade.

Embora eu saiba que a maioria das pessoas acredita firmemente na grandeza de Shakespeare e que, ao ler este meu juízo, não admitirá sequer a possibilidade de sua justeza e não dará a ele a menor atenção, mesmo assim me esforçarei, na medida do possível, para mostrar por que eu creio que Shakespeare não possa ser considerado como grande e genial, nem mesmo como um criador dos mais medianos.

Tomarei, para ilustrar o que digo, um dos dramas mais celebrados de Shakespeare — *Rei Lear* —, cuja maioria dos críticos admira de forma entusiasmada.

"A tragédia de Lear é meritoriamente enaltecida entre os dramas de Shakespeare", diz Dr. Johnson[2]. "Não há provavelmente outro dramaturgo que tenha mantido tão fixa a atenção sobre si, que tenha agitado tão firmemente nossas paixões e aguçado nossa curiosidade."

"Nós gostaríamos de desconversar e não dizer nada sobre essa peça", diz Hazlitt[3], "porque tudo o que podemos dizer seria não apenas insignificante, mas inferior à compreensão que dela tivemos. Tentar descrever o drama em si, ou a impressão que ele produz em nossa alma, é uma mera ousadia [*mere impertinence*], mesmo assim alguma coisa devemos dizer sobre ela. Diremos — então — que é a melhor obra de Shakespeare, aquela que, mais do que todas as outras, ele acolheu em seu coração [*he was the most in earnest*]".[4]

"Se a originalidade da invenção não fosse a marca comum de todas as peças de Shakespeare", diz Hallam[5], "de maneira que chamar uma delas de a mais original

---

2   Dr. Johnson ou Samuel Johnson (1709-1794) era considerado "o mais distinto homem de letras da história da Inglaterra". Cf. Rogers, Pat (2006) in *Oxford Dictionary of National Biography*. Online ed. Oxford University Press. Google, acesso: 05/07/2021.
3   William Hazlitt, famoso ensaísta inglês (1778-1830).
4   A tradução que Tolstói dá é um exemplo de suas aproximações. Uma tradução mais literal poderia ser "que ele levou mais a sério".
5   Henry Hallam (1777-1859), historiador inglês, famoso por haver escrito *Introduction to the literature of Europe, in the fifteenth, sixteenth and seventeenth centuries* (1837).

não parecesse querer rebaixar as outras, poderíamos dizer que o ápice do gênio de Shakespeare foi o que se manifestou claramente em *Lear*. Esse drama afasta-se mais do que *Macbeth*, *Otelo*, e até mesmo *Hamlet*, do modelo regular de tragédia, mas sua trama é mais bem construída e ela manifesta, muito bem, a inspiração quase sobre-humana que as outras demonstram."

"O *Rei Lear* pode ser tomado como o mais perfeito exemplo de arte dramática do mundo inteiro", diz Shelley.[6]

"Eu não quero falar muito do Arthur de Shakespeare", diz Swinburne,[7] "há uma ou duas figuras, no mundo das obras de Shakespeare, paras as quais as palavras não bastam. Uma dessas figuras é Cordélia. O lugar que elas ocupam em nossa alma e em nossa vida não pode ser descrito. O lugar reservado para elas no segredo de nossos corações não é devassável pela luz e pelo rumor da vida cotidiana. Há capelas nos templos da mais alta arte humana, tal como em nossa vida íntima, que não são feitas para serem abertas aos olhos e aos pés do mundo. O amor, a morte e a memória guardam para nós, em silêncio, alguns dos nomes mais amados. É a mais alta

---

6   Percy Bysshe Shelley (1792-1822) foi um dos mais importantes poetas românticos ingleses.

7   Algernon Charles Swinburne (1837-1909) foi um poeta, dramaturgo, romancista e crítico inglês da época vitoriana, conhecido pela controvérsia gerada no seu tempo pelos seus temas antirreligiosos.

glória do gênio, claro, o milagre e o magnífico dom da poesia, que pode acrescentar às lembranças guardadas em nosso coração novos nomes de criações poéticas."

"*Lear, c'est l'occasion de Cordelia*", diz Victor Hugo. "*La maternité de la fille sur le père; sujet profond; maternité vénérable entre toutes, si admirablement traduite par la légende de cette romaine, nourrice, au fond d'un cachot, de son père vieillard. La jeune mamelle près de la barbe blanche, il n'est point de spectacle plus sacré. Cette mamelle filiale, c'est Cordelia. Une fois cette figure rêvée et trouvée, Shakespeare a créé son drame. [...] Shakespeare, portant Cordelia dans sa pensée, a créé cette tragédie comme un dieu qui, ayant une aurore à placer, ferait tout exprès un monde pour l'y mettre.*"[8]

"Em *Lear*, Shakespeare sondou o profundo abismo dos horrores e, diante disso, sua alma não conheceu nem medo, nem tontura, nem fraqueza", diz Brandes.[9]

---

8 ["Lear é a ocasião de Cordélia", diz Victor Hugo. "A maternidade da filha em relação ao pai, assunto profundo; maternidade, essa, venerável entre todas, tão admiravelmente traduzida pela lenda dessa jovem romana que, no fundo de uma prisão, cuida de seu velho pai. O jovem seio ao lado da barba branca, não há espetáculo mais sagrado. Esse seio filial é Cordélia. Uma vez que essa figura foi sonhada e encontrada, Shakespeare criou seu drama. [...] Shakespeare, portando Cordélia em seu pensamento, criou essa tragédia como um deus que, tendo uma aurora para situar, criar um mundo expressamente para pô-la ali."]

9 Georg Morris Cohen Brandes (1842-1927) foi um crítico e estudioso dinamarquês que influenciou muito a literatura

"Na soleira dessa tragédia, algo parecido com veneração toma conta de vós — um sentimento parecido com aquele que sentistes ao entrar na Capela Sistina, com seu teto de afrescos de Miguel Ângelo. A diferença está apenas no fato de que, aqui, o sofrimento é muito maior, o gemido de pesar é mais forte e a harmonia da beleza é muito mais bruscamente destruída pelas dissonâncias do desespero."

Esses são os juízos dos críticos sobre esse drama e é por isso que eu creio não ter estado errado ao escolhê-lo como exemplo dos melhores dramas de Shakespeare. Eu me esforçarei para descrever — tão imparcialmente quanto possível — o conteúdo do drama e, em seguida, mostrarei por que essa peça não é o ápice da perfeição, tal como é declarado pelos críticos estudados, mas algo completamente diferente.

---

escandinava e europeia da década de 1870 até a virada do século xix para o xx.

II

O drama de Lear começa com a cena da conversa entre dois cortesões, Kent e Gloucester. Kent, apontando para um jovem presente, pergunta a Gloucester se o jovem não seria seu filho. Gloucester diz que muitas vezes enrubesceu ao reconhecer o jovem como seu filho, mas que – agora — não o faz mais. Kent diz não entender as palavras de Gloucester.

Então, Gloucester, diante de seu filho, diz: "Vós não entendeis, mas a mãe desse filho entendeu e ficou com a barriga redonda, e teve um filho para o berço antes de ter um marido para o leito." "Eu tenho outro, um filho legítimo", continuou Gloucester, "mas, embora aquele tenha vindo ao mundo antes do tempo, a mãe dele era bonita e *"there was a good sport at his making"* [foi muito divertido fazê-lo], de modo que eu reconheço aquele também."

Assim é a introdução. Sem falar da grosseria dessas falas de Gloucester, elas estão — além disso — fora de lugar, nos lábios de uma pessoa que deveria representar um caráter nobre. Não se pode concordar com a opinião de alguns críticos de que essas palavras são ditas por Gloucester para mostrar desprezo por aquelas pessoas que fazem sofrer Edmundo por sua ilegitimidade. Se fosse assim, em primeiro lugar, teria sido desnecessário fazer o pai expressar esse mesmo desprezo sentido pelas pessoas, em geral, e — em segundo lugar — Edmundo, em seu monólogo sobre a injustiça daqueles que o desprezam por seu nascimento, deveria ter-se referido a essas palavras do pai. Mas isso não ocorre. E é por isso que as palavras de Gloucester no comecinho da peça têm — evidentemente — o mero intuito de comunicar aos espectadores, de forma jocosa, que Gloucester tem um filho ilegítimo e outro não.

Depois disso, soam as trombetas e entra o rei Lear com suas filhas e genros, proferindo um discurso sobre o fato que, devido à sua idade avançada, ele deseja retirar-se dos negócios e dividir seu reino entre as filhas. A fim de saber quanto daria para cada filha, ele anuncia que dará a maior parte àquela que disser que o ama mais que as outras. A filha mais velha, Goneril, diz que não há palavras para expressar seu amor, que ela ama o pai mais do que a luz de seus olhos, mais do que o espaço, mais do que a liberdade; ama-o tanto que isso lhe torna difícil até respirar. O rei Lear, imediatamente, destaca no mapa o quinhão dessa filha: com campos, bosques, rios, lagos, e faz a mesma pergunta à segunda filha. Regan, a segunda filha, diz que a irmã expressou bem os sentimentos dela própria, mas não suficientemente. Ela, Regan, ama tanto seu pai que tudo a contraria, a não ser o amor por seu pai. O rei recompensa essa filha também e faz a pergunta à caçula, a mais amada, na qual — de acordo com a expressão dele — estão interessados os vinhos da França e o leite da Borgonha, ou seja, cuja mão está sendo pedida pelo rei da França e pelo duque de Borgonha. O rei Lear pergunta a Cordélia como ela o ama. Cordélia, que personifica todas as virtudes, enquanto as duas irmãs mais velhas personificam todos os vícios, diz, completamente fora de lugar — como se fosse de propósito para irritar o pai — que, embora ela o ame e o honre e lhe seja agradecida, caso ela se case, nem todo o amor dela pertencerá ao pai, pois ela amará também o marido.

Ao ouvir essas palavras o rei sai de si e amaldiçoa a filha favorita com as maldições mais estranhas e assustadoras como, por exemplo, a de que, a partir de então, ele amará sua filha tão pouco quanto ama o homem que devora seus próprios filhos. *"The barbarous Scythian, / Or he that makes his generation messes / To gorge his appetite, shall to my bosom / Be as well neighbour'd, pitied, and relieved. / As thou, my sometime daughter."*[10]

---

10 ["O bárbaro cita / Ou aquele que faz de suas gerações banquete / Para satisfazer seus apetites, / Será tão bem albergado em meu seio, / Tão bem ajudado e considerado digno de minha pena, / Como tu, minha outrora filha."]. Tradução dada em nota por Lev Tolstói.

O cortesão Kent defende Cordélia, desejoso de apaziguar o rei, repreende-o por sua injustiça e fala coisas razoáveis quanto ao mal da adulação. Lear não ouve Kent e o bane, sob pena de morte; e manda chamar os dois pretendentes de Cordélia, o rei da França e o duque de Borgonha, propondo-lhes, a um após o outro, de receber Cordélia sem dote. O duque de Borgonha diz, sem demora, que sem dote ele não aceita Cordélia. O rei da França aceita-a mesmo sem dote e a leva consigo. Depois disso, as irmãs mais velhas, lá mesmo, conversam entre si e preparam-se para ferir o pai que lhes deu a herança. Então, encerra-se a primeira cena.

Sem falar da linguagem pomposa e descaracterizada do rei Lear, a mesma que falam todos os reis de Shakespeare, o leitor ou o espectador não consegue conceber que o rei, por mais velho e tolo que seja, possa ter acreditado nas palavras das filhas más, com quem passou sua vida inteira, e não nas da filha querida, a quem amaldiçoou e rechaçou. Por isso, o leitor ou o espectador não pode compartilhar os sentimentos dos personagens que participam dessa cena artificial.

A segunda cena de *Lear* abre-se com Edmundo, o filho ilegítimo de Gloucester, confabulando consigo mesmo quanto à injustiça dos homens, que concede direitos e respeito aos filhos legítimos, mas priva deles os ilegítimos, e decide matar Edgar e usurpar seu lugar. Para tanto ele forja uma carta de Edgar para si próprio em que Edgar expressa o desejo de matar seu pai. Esperando a chegada do pai, Edmundo, como que contra sua vontade, mostra-lhe a carta e o pai acredita imediatamente que seu filho Edgar, que ele ama ternamente, quer matá-lo. Sai o pai, entra Edgar e Edmundo o convence que seu pai, por alguma razão, quer matá-lo. Edgar também acredita imediatamente e foge do pai.

As relações entre Gloucester e seus dois filhos e os sentimentos desses dois personagens são tão pouco naturais ou ainda menos naturais do que a atitude de Lear para com as filhas e, por isso, é ainda mais difícil para o espectador se imaginar nas condições mentais de Gloucester e de seus filhos e simpatizar com eles do que o é no que se refere a Lear e suas filhas.

Na quarta cena, o banido Kent, tão disfarçado que Lear não o reconhece, se apresenta ao rei, que já está hospedado com Goneril. Lear pergunta: "Quem és?" A isso Kent, não se sabe por quê, responde em tom de brincadeira, em absoluto não condizente com sua posição: "Eu sou um sujeito honesto e tão pobre quanto o rei." "Se tu és tão pobre enquanto indivíduo, quanto ele o é enquanto rei, então és realmente muito pobre", diz Lear. "Qual é tua idade?", ele pergunta. "Não jovem demais, Senhor, para amar uma mulher, e não velho demais para submeter-me a ela." A isso o rei diz: "Se eu não gostar menos de ti depois do jantar, permitirei que me sirvas."[11]

---

[11] Aqui há uma pequena modificação na tradução que Tolstói fornece da segunda parte da fala do rei que, no original inglês, é: *"If I like thee no worse after dinner, I will not part from thee yet."* ["... eu não me separei de ti, por enquanto"]. Essas modificações ocorrem também em outras passagens do ensaio.

Essas falas não decorrem nem da posição de Lear, nem da atitude dele para com Kent, mas são colocadas na boca deles, evidentemente, pelo fato de o autor considerá-las espirituosas e divertidas.

O mordomo de Goneril chega e trata Lear rudemente. Kent derruba-o. O rei, sempre sem reconhecer Kent, retribui-lhe o feito com dinheiro e toma-o a seu serviço. Depois disso aparece o bufão e começa uma longa conversação entre o bobo e o rei, completamente estranha à situação e sem qualquer propósito. Assim, por exemplo, o bobo diz:

— Dá-me um ovo e te darei duas coroas.

O rei pergunta:

— Que coroas são essas?

— Ora — diz o bobo —, depois que eu cortar o ovo em duas metades, eu como o seu conteúdo. Quando tu cortaste pela metade tua coroa — continua o bobo — e deste as duas metades, então carregaste teu asno em tuas costas, com sujeira e tudo, e quando deste tua coroa de ouro, tiveste pouco tino em tua coroa calva. Se eu, dizendo isso, estou falando de mim, que seja chicoteado aquele que pensar assim.

Seguem-se longas conversas nesse estilo, que suscitam no leitor e no espectador o mesmo desconforto que se sente quando se ouvem piadas sem graça.

Essas conversas são interrompidas pela chegada de Goneril, que exige de seu pai que reduza seu séquito: em lugar de cem cortesões, ficaria com cinquenta. Ao ouvir essa proposta, Lear fica de tal forma estranha e artificialmente enraivecido que pergunta: "Sabe quem é ele? Este não é Lear", diz ele. "Por acaso Lear anda assim? Fala assim? Onde estão seus olhos? Estou dormindo ou estou acordado? Quem vai me dizer quem sou? Sou a sombra de Lear."[12] E assim por diante.

Enquanto isso se dá, o bobo não para de intercalar suas piadas sem graça. Chega o marido de Goneril e tenta apaziguar Lear, mas Lear amaldiçoa Goneril, invocando para ela a esterilidade ou o nascimento de uma criança-monstro que haverá de tratá-la, por seus cuidados, com derrisão e desprezo e, com isso, lhe mostrará todo o horror e a pena causados pela ingratidão filial.

Essas palavras, que expressam um sentimento verdadeiro, poderiam ser comoventes caso se limitassem a dizer apenas isso; no entanto, elas se perdem no meio de discursos caudalosos que, contínua e completamente a despropósito são proferidos por Lear. Ora ele invoca nuvens e tempestades na cabeça da filha, ora deseja que suas maldições lhe furem todos os sentidos, ora dirige-se a seus próprios olhos e diz que, se eles chorarem,

---

12 A tradução literal do texto e o original são os seguintes: *"Doth any here know me? This is not Lear: Does Lear walk thus? speak thus? Where are his eyes? Either his notion weakens, his discernings Are lethargied. Ha! 'tis not so. Who is it that can tell me who I am?"* ["Alguém aqui me conhece? Este não é Lear: por acaso Lear caminha assim? Fala assim? Onde estão seus olhos? Seu conhecimento diminui, seu discernimento está em letargo. Há! Não é assim. Quem pode me dizer quem sou?"]

ele os arrancará e os atirará com suas lágrimas salgadas para temperar a argila, e assim por diante.

Depois disso, Lear manda Kent, que ainda não reconhece, à sua outra filha e, apesar do desespero que acabou de manifestar, conversa com o bobo e o desafia em suas piadas. As piadas continuam sem graça e, além da sensação desagradável que elas produzem, parecida com a vergonha que se sente quando se ouve uma agudeza infeliz, suscitam tédio por seu excesso. Aí o bobo pergunta ao rei:

— Sabes por que as pessoas têm o nariz no meio da cara? — Lear responde que não sabe.

— Para ter um olho em cada lado do nariz. De modo que o que o homem não consegue cheirar, pode espiar. Podes dizer como um caracol faz sua concha? — pergunta o bobo.

— Não.

— Eu também não posso, mas sei dizer para que um caracol tem uma casa.

— Para quê?

— Para esconder nela a sua cabeça. Certamente, não para dá-la a suas filhas e deixar seus chifres sem teto.

— Os cavalos estão prontos? — pergunta Lear.

— Teus asnos correram atrás deles. E por que o setestrelo é feito apenas de sete estrelas?

— Porque não são oito — diz Lear.

— Tu darias um ótimo bobo — diz o bobo, e assim por diante.

Depois dessa longa cena, chega um cavalheiro e anuncia que os cavalos estão prontos. O bobo diz: *"She that's a maid now, and laughs at my departure, Shall not be a maid long, unless things be cut shorter"*,[13] e sai.

A segunda cena do segundo ato começa com o perverso Edmundo convencendo o irmão, quando o pai entra, a fingir que eles estão lutando com suas espadas. Edgar concorda, embora seja de todo incompreensível para que ele precisa fazer aquilo. O pai encontra os dois lutando. Edgar foge, mas Edmundo arranha seu braço até sair sangue e convence seu pai que Edgar o estava bajulando para que ele o ajudasse a matar o pai, mas que ele, Edmundo, havia recusado, e aí Edgar como que havia se atirado sobre ele e ferido seu braço. Gloucester acredita em tudo, amaldiçoa Edgar e transfere todos os direitos do filho mais velho ao ilegítimo Edmundo. O duque, ao ouvir isso, também recompensa Edmundo.

Na segunda cena, diante do palácio de Gloucester, o novo servo de Lear, Kent, que Lear ainda não reconhece, sem motivo algum começa a xingar Oswald (cortesão de Goneril) e lhe diz: "Vilão, patife, vazio, pedinte, três-vestido, cem-libras, sujo, meias de lã, filho e herdeiro de uma puta vira-lata." E assim por diante, e, desembainhando a espada, exige que Oswald lute com ele, dizendo que

---

13 Em inglês, no original. "A que agora é uma jovem e ri de minha partida, não será uma jovem por muito tempo se algo não for mudado." Tradução fornecida em nota por Tolstói.

fará dele a *"sop o' the moonshine"* [um ensopado de luar][14], palavras que nenhum comentador conseguiu explicar. Enquanto ele é interrompido, continua proferindo estranhos desaforos, como, por exemplo, que Oswald foi feito por um alfaiate, pois um escultor ou um pintor não teriam podido fazê-lo tão mal, mesmo trabalhando por duas horas. Ainda diz que, se o deixarem, ele amassará aquele vilão desparafusado num morteiro e "pintará a parede de uma latrina com ele".

Assim, Kent, que ninguém reconhece, embora o rei, o duque da Cornualha e Gloucester, que está presente, devessem conhecê-lo muito bem, continua a brigar como o novo servo de Lear que é, até que o pegam e o põem nos cepos.

A terceira cena tem lugar na floresta. Edgar, que fugiu do pai que o persegue, refugiou-se na floresta e conta ao público que tipo de loucos há por lá, mendigos que andam nus, enfiam em seu corpo lascas e alfinetes, gritam com vozes selvagens e pedem esmola, e diz que ele quer simular ser um louco daqueles para se ver livre das perseguições. Após contar isso ao público, ele se retira.

A quarta cena é novamente diante do castelo de Gloucester. Entram Lear e o bobo. Lear vê Kent nos cepos e, sempre sem reconhecê-lo, se inflama de raiva contra aqueles que ousaram ofender daquele jeito seu enviado e exige que compareçam o duque e Regan. O bobo continua com seus gracejos.

---

14 Original e tradução fornecidos por Tolstói.

Lear contém sua ira com dificuldade. Chegam o duque e Regan. Lear queixa-se de Goneril, mas Regan justifica a irmã; Lear amaldiçoa Goneril. Quando Regan lhe diz que seria melhor ele voltar para sua irmã, ele fica indignado e diz: "O quê? Pedir perdão a ela?" e fica de joelhos, mostrando como seria indecente ele se rebaixar e pedir por caridade, à filha, roupa e comida, então amaldiçoa Goneril com as mais estranhas maldições e pergunta quem ousou colocar os cepos em seu mensageiro. Antes que Regan possa responder, amaldiçoa de novo Goneril e, quando lhe contam que quem mandou colocar os cepos foi o duque, ele não diz nada porque, ali mesmo, Regan lhe diz que ela não pode ficar com ele agora, mas que ele volte para Goneril e que, dentro de um mês, ela mesma o receberá. Contudo, não com cem, mas com cinquenta servos. Lear xinga novamente Goneril e não quer ir com ela, na esperança que Regan o aceite com os seus cem servos, mas Regan diz que o aceitará apenas com 25 e, então, Lear decide voltar e ter com Goneril que aceitará cinquenta. Mas, quando Goneril diz que mesmo 25 são muitos, Lear profere um longo arrazoado sobre a relatividade dos conceitos de necessário e de supérfluo e diz que se se deixar a um homem apenas o que ele precisa, ele em nada se diferenciará de um animal. Lear, ou antes o ator que interpreta Lear, dirige-se a uma dama elegante que faz parte do público e diz a ela que ela também não precisa de suas roupas elegantes: elas não a aquecem. Em seguida ele se enfurece, diz que fará algo terrível para se vingar das filhas, mas que ele não irá chorar, e sai. Ouve-se o ruído da tempestade que chega.

Assim é o segundo ato, cheio de acontecimentos que nada têm de naturais e, ainda mais, de falas não naturais que não poderiam ter saído das situações daqueles personagens, terminando com a cena de Lear e suas filhas, que poderia ter sido uma cena forte se não tivesse sido permeada[15] pelos mais absurdos e empolados discursos — além do mais, completamente não compatíveis com o assunto de que Lear falará. As vacilações de Lear entre o orgulho, a raiva e a esperança da reconsideração das filhas teriam sido extremamente tocantes, não fosse pelas verbosas absurdidades proferidas por Lear que diz que se separaria da falecida mãe de Regan, caso Regan não ficasse contente em recebê-lo ou, então, que ele invocaria nuvens de veneno para cair na cabeça das filhas, ou que, por serem velhas, as forças dos céus, elas deveriam proteger os velhos, e muitas outras coisas.

O terceiro ato começa com trovões e raios, uma tempestade como nunca houve, de acordo com os personagens da peça. Na estepe, um cavalheiro conta a Kent que Lear, expulso de casa pelas filhas, vagueia sozinho pela estepe, arranca os cabelos e os atira ao vento. Com ele está apenas o bufão. Kent diz ao cavalheiro que os duques brigaram entre si e que as forças francesas

---

15 No original: "borrifada" ou "salpicada".

estacionaram em Dover e, após dizer isso, despacha o cavalheiro a Dover, para encontrar Cordélia.

A segunda cena do terceiro ato se desenrola, então, na estepe, mas não no lugar onde Kent se encontrou com o cavalheiro, e sim num outro. Lear anda pela estepe e começa a falar de forma a expressar seu desespero: ele deseja que os ventos soprem tão forte que eles rompam suas bochechas (dos ventos), e que a chuva inunde tudo, que os raios queimem sua cabeça branca e que o trovão achate a terra e extermine todas as sementes que tornam o homem ingrato. Nisso, o bobo continua com suas falas ainda mais cheias de despautérios. Chega Kent. Lear diz que, por alguma razão, durante a tempestade todos os criminosos serão encontrados e sentenciados. Kent, sempre não reconhecido por Lear, tenta persuadi-lo a se abrigar numa choupana. Nesse momento o bufão propõe uma profecia de forma alguma relacionada com aquela situação e todos eles partem.

A terceira cena acontece de novo no castelo de Gloucester. Gloucester conta a Edmundo que o rei da França já está com suas tropas na fronteira e quer ajudar Lear. Ao ouvir isso, Edmundo decide acusar seu pai de traição para receber sua herança.

A quarta cena se passa novamente na estepe diante da choupana. Kent chama Lear para que se abrigue nela, mas Lear responde que não tem motivo de se abrigar da tempestade, que ele não a sente porque tem na alma a tempestade chamada pela ingratidão das filhas, que domina todo o resto. Esse sentimento verdadeiro, expresso de novo em palavras simples, poderia suscitar compaixão, mas em meio ao delírio pomposo, incessante, de Lear, fica difícil notá-lo e ele perde seu significado.

A choupana para a qual Lear é levado resulta ser a mesma na qual entrou Edgar fantasiado de louco, ou seja, nu. Edgar sai da choupana e, embora todos o conhecessem, ninguém o reconhece — da mesma forma que ninguém reconhece Kent —, e Edgar, Lear e o bobo começam a dizer coisas sem sentido, que se sucedem, com intervalos, por muitas páginas. No meio dessa cena chega Gloucester que também não reconhece Kent e seu próprio filho, Edgar, e diz a eles que seu filho Edgar queria matá-lo.

Essa cena é interrompida de novo por uma outra que se passa no castelo de Gloucester, onde Edmundo trai seu pai, e o duque promete vingar-se em Gloucester. A ação desloca-se novamente para Lear. Kent, Edgar, Gloucester, Lear e o bobo estão na herdade e conversam. Edgar diz: "Frateretto chama-me e me diz que Nero está pescando peixe num lago escuro..." O bobo diz: "Diz-me, tiozinho, quem é louco, o cortesão ou o camponês?" Lear, já sem tino, diz que louco é o rei. O bobo diz: "Não, louco é o camponês que deixou o filho virar cortesão." Lear grita: "Que um milhar de minas incandescentes exploda no corpo deles." Edgar grita que um espírito do mal lhe mordeu as costas. A isso o bobo faz um gracejo dizendo que não se deve acreditar "na mansidão do bobo, na saúde do cavalo, no amor de uma criança e na honra de uma prostituta".

Depois Lear imagina estar julgando as filhas. "Sapiente justiceiro", diz ele, dirigindo-se ao desnudo Edgar; "Senta aqui, e tu, homem sapientíssimo, ali. Agora, vós, raposas-fêmeas." A isso Edgar fala: "Lá está ele de pé e veja como os olhos dele brilham. Senhora, não se importa que esses olhos estejam em juízo? "Chegue-se aqui comigo; Bessy, beleza." E o bobo canta: "Bessy beleza tem um barco furado e não pode dizer por que não pode chegar." Edgar continua com sua conversa. Kent tenta convencer Lear a deitar-se, mas Lear continua com seu julgamento imaginário:

"Aqui, os testemunhos!", grita ele. "Senta aqui", diz ele, dirigindo-se a Edgar, "tu, envolto em manto de juiz, ocupa teu lugar. E tu", dirigindo-se ao bobo, "Como o fardo da justiça está nele e em ti, assim, senta-te com ele na cadeira do juízo. E tu, na fila dos juízes, senta-te tu também", diz, dirigindo-se a Kent.

"Purr, aquele gato é cinza!", grita Edgar.

"Ela, antes, ela deve ser julgada. É Goneril!", grita Lear. "Eu juro aqui, diante dessa honrada assembleia, que ela chutou seu próprio pai, o pobre rei."

"Vem aqui, *mistress*, o teu nome é Goneril?", diz o bobo, dirigindo-se à cadeira.

"E aqui está a outra", grita Lear. "Parai ela aqui! Espadas! Fogos! Armas! Aqui há corrupção, o juiz é fajuto. Por que a deixaste escapar?"

O delírio termina com Lear adormecendo e Gloucester convence Kent (sempre sem reconhecê-lo) a levar Lear a Dover, e Kent e o bobo levam Lear embora.

A cena é transferida para o castelo de Gloucester. O próprio Gloucester está sendo acusado de traição. Ele é trazido e amarrado. Regan puxa sua barba. O duque da Cornualha arranca um olho dele e o pisa. Regan diz que um olho ainda está inteiro e que esse olho inteiro ainda vai zombar do outro, e que é para esmagá-lo também. O duque quer fazer isso, mas um dos servos, por alguma razão, de repente toma o partido de Gloucester e fere o duque. Regan mata o servo. O servo, ao morrer, diz a Gloucester que ele tem um olho para ver como será castigado o celerado. O duque diz: "Pois, para que não veja, arrancaremos esse também", e arranca também o segundo olho e o atira no chão. Diante disso, Regan diz que Edmundo traiu seu pai e aí Gloucester logo compreende que foi enganado e Edgar não queria matá-lo.

Nisso, termina o terceiro ato.

O quarto ato se dá novamente na estepe. Edgar, sempre disfarçado de mendigo alienado fala numa linguagem artificial sobre as instabilidades do destino, sobre as vantagens de um quinhão reduzido. Depois, na estepe, por qualquer razão no mesmo lugar onde se encontra, chega-se a ele o cegado Gloucester, pai dele, conduzido por um velho, e — naquela linguagem típica de Shakespeare cuja principal peculiaridade é que os pensamentos são gerados ou pela consonância ou pelo contraste das palavras — também fala das instabilidades do destino. Ele diz ao velho que o deixe; o velho então diz que sem *olhos* ele não pode andar sozinho, pois não enxerga o caminho. Gloucester diz que ele não tem caminho e por isso ele não precisa de *olhos*. E discorre sobre o fato de ele haver tropeçado quando ele tinha *olhos* e que, muitas vezes, os defeitos se demonstram salvíficos. "Oh, querido Edgar", acrescenta ele, "alimento de raiva de teu iludido pai, se eu conseguisse ver-te às apalpadelas, diria que eu tenho *olhos* de novo." Edgar, nu e disfarçado de demente, ouve isso, mas não se revela ao pai, e substitui-se ao velho guia de cego e conversa com o pai que não o reconhece pela voz e acha que ele é um mendigo. Gloucester vale-se da oportunidade para um dito espirituoso, que hoje os loucos guiam os cegos, e insiste em dispensar o velho, pelo visto, não por motivos que poderiam ser apropriados para Gloucester nesse momento, mas somente para ficar a sós com Edmundo e poder representar a cena do salto imaginário do rochedo.

Edgar, sem considerar o fato que acabou de ver o pai cego e ficou sabendo que o pai se arrependeu por havê-lo rechaçado, passa a dizer uma série de anexins desnecessários que Shakespeare podia conhecer, havendo-os lido no livro de Harsnett, mas que Edgar jamais haveria podido conhecer e — o que é mais importante — seria absolutamente impróprio que eles fossem ditos na situação em que ele se encontrava. Ele diz:

— Cinco espíritos sentaram-se, um atrás do outro, na casa do pobre Tom: o espírito da luxúria — Obidient; o príncipe da surdez — Hobbididance; Mahu — da roubalheira; Modo — do assassínio; e Flibbertigibbet — da esfregação e da ceifa. Agora eles todos estão sentados com as camareiras e outras criadas.[16]

Ao ouvir essas palavras, Gloucester dá a Edgar um saquinho dizendo-lhe que para ele, Gloucester, a infelicidade é capaz de trazer a felicidade a esse desgraçado. "Os céus sempre agem assim", diz ele. "Se ele não quer ver o rico e o libidinoso porque não se sente, que ele sinta então a força dos céus. Que a distribuição desfaça o excesso e cada um possua o suficiente."

Após ter dito essas estranhas palavras, o cego Gloucester exige que Edgar o leve até um rochedo que ele conhece, em frente ao mar e eles se afastam.

A segunda cena do quarto ato ocorre diante do palácio do duque de Albany. Goneril não é apenas perversa, mas também depravada. Ela despreza o marido e declara seu amor pelo cruel Edmundo que herdou o título do pai, Gloucester. Edmundo sai e dá-se uma conversa entre Goneril e o marido. O duque de Albany é o único personagem que tem sentimentos humanos. Antes, já havia ficado insatisfeito com o comportamento da mulher para com o pai, mas, agora, toma decididamente o partido de Lear. Só que ele expressa seus sentimentos de tal forma que minam a confiança que se possa ter

---

16 Damos aqui o original inglês para a melhor compreensão da tradução de Tolstói: *"Five friends have been in poor Tom at once: of lust, as Obidient; Hobbididance, prince of dumbness; Mahu, of stealing; Modo, of murder; Flibbertigibbet, of mopping and mowing; who since possesses chambermaids and waiting women."*

neles. Ele diz que o urso lamberá a reverência de Lear, que, se os céus não enviarem seus espíritos visíveis para refrear essas vis ofensas, as pessoas irão se devorar umas às outras, como monstros marinhos etc.

Goneril não o escuta e então ele começa a xingá-la.
— Olha para ti, diabo — diz ele. — O aspecto horrível do demônio não parece tão horrível como na mulher.

— Bobo, desmiolado!, diz Goneril.

— Se já quiseste só dentro de ti ser um diabo — continua o duque —, então, ao menos, por vergonha, não tornes teu rosto o rosto de um monstro. Oh, se apenas achasse decente deixar minhas mãos em liberdade e permitir que elas fossem capazes de fazer aquilo que manda o sangue revolto que corre nas minhas veias, todo teu corpo eu faria em pedaços e te arrancaria todos os ossos. Mas tens o feitio de mulher, embora sendo um diabo!

Depois disso entra um mensageiro e anuncia que o duque da Cornualha, ferido por um servo quando arrancava os olhos de Gloucester, acabou de morrer. Goneril fica contente, mas já teme que Regan, agora viúva, possa lhe tirar Edmundo. Com isso termina a segunda cena.

A terceira cena do quarto ato se abre sobre o campo dos franceses. Da conversa de Kent com um cavalheiro, o leitor ou o espectador fica sabendo que o rei dos franceses não está no acampamento e que Cordélia recebeu uma carta de Kent e ficou muito amargurada ao saber o que aconteceu com o pai. O cavalheiro diz que o rosto dela lhe lembra a chuva e o sol. *"Her smiles and tears*

Were like a better day; those happy smiles That play'd on her ripe lip seem'd not to know What guests were in her eyes; which parted thence, As pearls from diamonds dropp'd."[17] etc. O cavalheiro diz que Cordélia deseja ver o pai, mas Kent responde que Lear tem vergonha de ver a filha que ele tanto ofendeu.

Na quarta cena, Cordélia conversa com um médico e lhe diz que Lear foi visto e que ele, completamente insano, tem em sua cabeça uma guirlanda trançada com diferentes espécies de ervas, e anda vagando por ali, e que ela enviou um soldado para que o procure. Depois, ela acrescenta que deseja que todas as forças curativas secretas da terra sejam irradiadas até ele, com as suas lágrimas etc.

Ela é informada que as forças dos duques estão chegando, mas está ocupada apenas com o pai, e sai.

Na quinta cena do quarto ato, no castelo de Gloucester, Regan conversa com Oswald, o mordomo de Goneril que está trazendo uma carta de Goneril para Edmundo, e Regan lhe comunica que ela também ama Edmundo e, por ser viúva, é melhor que se case com ele e não Goneril, e pede ao mordomo que convença a irmã disso. Ainda, ela acrescenta que foi pouco razoável cegar Gloucester e

---

17 Em inglês, no texto de Tolstói, que, em nota, provê a seguinte tradução: "Seu sorriso e suas lágrimas lembravam um dia sereno; os sorrisos felizes que brincavam em seus lábios pareciam não saber que convidados havia em seus olhos, esses hóspedes se foram como caem as pérolas dos diamantes."

deixá-lo vivo, por isso ele aconselha a Oswald que, caso encontre Gloucester, o mate; e por isso ele receberá uma grande recompensa.

Na sexta cena aparecem de novo Gloucester e seu filho não reconhecido, Edgar, que, disfarçado de camponês, conduz seu pai cego para o rochedo. Gloucester caminha no terreno plano, mas Edgar o convence que eles estão galgando com dificuldade um morro íngreme. Gloucester acredita. Edgar diz ao pai que dá para ouvir o som do mar. Gloucester acredita nisso também. Edgar para num lugar plano, convence o pai que ele chegou até o rochedo, que embaixo dele há um abismo terrível e o deixa sozinho. Gloucester dirige-se aos deuses e diz que arrancará de si sua dor que não consegue mais suportar e que não culpa, a eles, os deuses. Dizendo isso, salta de onde se encontra e cai, supondo que saltou do rochedo. Nesse meio-tempo, Edgar dirige a si mesmo uma frase ainda mais intrigante: *"I know not how conceit may rob The treasury of life when life itself Yields to the theft; had he been where he thought, By this had thought been past."*[18]

E se dirige a Gloucester, disfarçado, de novo, como outra pessoa e se surpreende que Gloucester não tenha se matado ao cair de uma altura tão grande. Gloucester

---

18 Frase em inglês, no texto de Tolstói, que fornece, em nota, a seguinte tradução: "Eu não sei como a astúcia pode roubar o tesouro de uma vida, quando a própria vida se dá a este ladrão: se ele tivesse estado onde pensa, ele já não poderia estar pensando."

acredita que caiu e se prepara a morrer, mas sente que está vivo e duvida haver caído daquela altura. Então Edgar assegura-lhe que caiu realmente daquela terrível altura e lhe diz que quem esteve com ele no alto do rochedo era o diabo, pois os olhos dele eram como duas luas cheias e ele tinha cem narizes e chifres que volteavam feito ondas.

Gloucester acredita nisso também e se convence que seu desespero foi trabalho do diabo e decide que, a partir de então, ele não mais se desesperará, mas esperará calmamente por sua morte. Nesse ínterim, chega Lear, por alguma razão, coberto com flores do mato. Ele perdeu a razão e profere frases ainda mais sem sentido. Fala de forjar dinheiro, da lua, de dar uma jarda a alguém, depois grita que viu um rato que quer roubar um naco de queijo, depois, de repente, exige a palavra de ordem de Edgar, que imediatamente lhe responde com as palavras "manjerona perfumada". Lear diz: "Passa!", e o cego Gloucester, sem reconhecer nem o filho, nem Kent, reconhece a voz do rei.

Então, o rei, depois dessas falas desconjuntadas, subitamente começa a proferir frases irônicas, no começo, a respeito de bajuladores que concordaram com tudo o que ele disse, como palavras divinas, e que o convenceram que ele podia fazer tudo o que quisesse e, quando ele se viu numa tempestade sem abrigo, percebeu que isso não era verdade; depois ele continua dizendo que, como toda criação tende ao adultério, e como o filho ilegítimo de Gloucester portou-se com o pai melhor do que as suas filhas se portaram com ele (embora Lear, no decorrer do drama não pudesse saber do tratamento de Edmundo em relação a Gloucester), então que prospere a dissolução, tanto mais que ele, como rei, necessita de soldados. Aqui ele se dirige a uma senhora falsamente virtuosa que finge ser fria, mas que, como um animal no cio, se atira ao gozo. Todas as mulheres só se parecem com os deuses da cintura para cima, e da cintura para baixo, com os diabos.

Ao dizer isso, Lear grita e cospe horrorizado. Esse monólogo, evidentemente, pretende ser dirigido à plateia, pelo ator e — provavelmente — deve produzir efeito em cena, mas, na boca de Lear soa completamente impróprio, tal como, quando Gloucester deseja beijar-lhe a mão, ele a retira dizendo *"it smells of mortality"*.[19] Depois, fala-se da cegueira de Gloucester, o que dá ensejo a um jogo de palavras sobre a visão, sobre o cego Cupido, sendo que Lear diz a Gloucester que ele não tem *olhos* na cabeça, nem dinheiro no bolso, de modo que os olhos se encontram numa situação *pesada* e a carteira numa *leve*. Depois, Lear profere um monólogo sobre a injustiça dos juízes que é completamente fora de lugar na boca de um Lear louco. Depois disso chega um cavalheiro com os soldados enviados por Cordélia, atrás de Lear. Este continua delirando e foge. O cavalheiro

---

19 Texto em inglês, no original de Tolstói. Ele dá a tradução em nota: "Ela tem cheiro de cadáver."

enviado para buscar Lear não corre atrás dele, mas descreve longamente a Edgar a posição das forças francesas e britânicas.

Entra Oswald que, vendo Gloucester e desejando receber a recompensa prometida por Regan para sua morte, o ataca, mas Edgar, com seu porrete, mata Oswald que, ao morrer, dá a seu matador, Edgar, a carta de Goneril para Edmundo, pela qual receberia a recompensa. Nessa carta, Goneril promete matar seu marido e casar-se com Edmundo. Edgar arrasta pelas pernas o corpo morto de Oswald e depois retorna e leva embora seu pai.

A sétima cena do quarto ato desenrola-se numa tenda do acampamento francês. Lear dorme numa cama. Entram Cordélia e Kent, ainda disfarçado. Lear é despertado pela música e, ao ver Cordélia, não crê que ela esteja viva e a toma por uma aparição, e não crê também que ele próprio esteja vivo. Cordélia assegura a ele que ela é sua filha e pede que a abençoe. Ele fica de joelhos na frente dela, pede perdão, reconhece que está velho e bobo e diz estar pronto para tomar o veneno que ela, provavelmente, já terá preparado para ele, pois está convencido de que ela o odeia. "Se suas irmãs mais velhas, as quais eu fiz bem, me odiaram", diz ele, "como pode ela, a quem fiz mal, não me odiar?" Depois ele vai lembrando aos poucos e para de delirar. A filha sugere-lhe que saiam para dar uma volta. Ele concorda e diz: "Seja indulgente: esquece, desculpa. Eu sou velho e tolo." Eles saem. Ficam em cena o cavalheiro e Kent, que conversam para explicar ao público que Edmundo lidera as tropas e em breve deverá começar a batalha entre os defensores de Lear e os inimigos. Com isso termina o quarto ato.

Nesse quarto ato a cena entre Lear e sua filha poderia ter sido comovente se não tivesse sido precedida, no decorrer dos três atos, pelo delírio tediosamente monótono de Lear e, além disso, se a última cena fosse a exposição dos sentimentos dele; mas a cena não é a última.

No quinto ato, repete-se novamente o prévio delírio pomposamente frio e artificial de Lear, o que anula também aquela impressão que a cena anterior poderia ter produzido.

A primeira cena do quinto ato começa com Edmundo e Regan, que tem ciúmes da irmã lhe faz uma oferta. Depois chegam Goneril, seu marido, e os soldados. O duque de Albany, embora com pena de Lear, considera seu dever lutar contra os franceses que passaram das fronteiras de sua terra, e prepara-se para a batalha.

Então, Edgar chega, ainda disfarçado, e dá ao duque de Albany a carta que recebeu do mordomo moribundo de Goneril, dizendo que se o duque ganhar que toque a trombeta e então aparecerá um cavaleiro que confirmará o conteúdo da carta.

Na segunda cena, Edgar entra conduzindo seu pai Gloucester, assenta o pai junto a uma árvore e sai. Ouve-se o ruído da batalha, Edgar chega correndo e diz que a batalha foi perdida. Lear e Cordélia são prisioneiros. Gloucester desespera-se de novo. Edgar, sempre sem se revelar ao pai, diz-lhe que não deve perder as esperanças e Gloucester logo concorda com ele.

A terceira cena abre-se com a entrada triunfal do vencedor, Edmundo. Lear e Cordélia são prisioneiros. Lear, apesar de já não ser louco, continua dizendo aqueles absurdos fora de lugar, como — por exemplo — que na prisão ele cantará com Cordélia, que ela pedirá sua bênção e ele ficará de joelhos (a genuflexão repete-se pela terceira vez) e pedirá perdão. Ainda diz que, enquanto eles estiverem vivendo na prisão, por eles passarão bandos, seitas e preocupações dos fortes do mundo e que ele e Cordélia são vítimas sobre as quais os deuses aspergirão incenso e que, mesmo que um incêndio enviado pelos céus os queime como às raposas da floresta, ele não chorará, e que a praga devorará seus olhos, sua pele e seus pelos, antes que os obriguem a chorar etc.

Edmundo ordena que Lear e sua filha sejam levados à prisão e, tendo encarregado o capitão de fazer algumas coisas ruins com eles, pergunta-lhe se o faria. O capitão diz que ele não pode dirigir carros nem comer aveia seca, mas que poderá fazer qualquer coisa que façam os homens. Chegam o duque de Albany, Goneril e Regan. O duque de Albany quer defender Lear, mas Edmundo não o permite. Entram as irmãs e começam a brigar, ambas com ciúmes de Edmundo. Aí tudo se torna tão confuso que é difícil acompanhar a ação. O duque de Albany quer prender Edmundo e diz a Regan que Edmundo, já há muito tempo, tem mantido relações com sua mulher e que por isso ela, Regan, deve desistir de Edmundo e que, se ela quer se casar, que se case com ele, o duque de Albany.

Depois de dizer isso, o duque de Albany chama Edmundo e ordena que soem a trombeta dizendo que, se não aparecer ninguém, ele mesmo lutará.

Nesse meio-tempo, Regan que, evidentemente foi envenenada por Goneril, torce-se de dor. Tocam as trombetas e entra Edgar com uma viseira que lhe encobre o rosto e, sem dizer quem é, desafia Edmundo. Edgar xinga Edmundo. Edmundo revida atirando na cabeça de Edgar todos os seus xingamentos. Eles lutam e Edmundo cai. Goneril está desesperada. O duque de Albany mostra a Goneril a carta dela. Goneril sai.

Edmundo fica sabendo, ao morrer, que seu opositor era seu irmão. Edgar levanta a viseira e profere uma lição de moral quanto ao fato de que, por haver concebido seu filho ilegítimo, Edmundo, seu pai pagou com sua visão. Depois disso, Edgar conta ao duque de Albany suas vicissitudes e de como, bem agora, antes de entrar em combate, ele contara tudo ao pai, que não resistiu e morreu de desgosto. Edmundo ainda não morreu e quer saber o que mais aconteceu.

Então Edgar conta que, quando ele estava sentado sobre o cadáver do pai, chegou um homem que lhe deu um forte abraço e gritou tão alto como se quisesse rasgar os céus, atirou-se sobre o cadáver do pai e lhe contou a história mais piedosa sobre Lear e ele mesmo, sendo que, ao contar isso, as cordas de sua vida começaram a estalar, mas nessa hora tocaram as trompas de novo e Edgar o deixou. Era Kent. Mal tinha Edgar contado essa história, eis que chega o cavalheiro com uma faca ensanguentada gritando: "Socorro!" À pergunta "Quem morreu?", o cavalheiro responde que foi Goneril, que envenenou sua irmã. Ela confessou.

Entra Kent e nesse momento são trazidos os corpos de Goneril e Regan. Diante disso, Edgar diz que, pelo visto, as duas irmãs o amavam muito, pois uma foi envenenada e a outra se matou por causa dele e confessa que ele ordenou que matassem Lear e enforcassem Cordélia, na prisão, fingindo que ela tivesse se suicidado, mas que agora queria impedir esses fatos. Após dizer isso, ele morre e é levado embora.

Em seguida entra Lear com Cordélia morta, em seus braços, sem considerar o fato de que ele tem mais de oitenta anos e está doente. E começa novamente seu horrível delírio pelo qual sente vergonha, como pelas anedotas sem graça. Lear exige que todos uivem e ora pensa que Cordélia está morta, ora que está viva. "Se eu tivesse", ele diz, "todas vossas línguas e vossos olhos, eu os usaria a ponto de rachar os céus." Depois ele diz que matou o escravo que enforcou Cordélia. Em seguida diz que seus olhos mal veem e nesse momento reconhece Kent, a quem o tempo todo não havia reconhecido.

O duque de Albany diz que ele abrirá mão do poder enquanto Lear viver e recompensará Edgar, Kent e todos os que lhe foram fiéis. Nesse momento trazem a notícia de que Edmundo morreu e Lear, sempre delirando, pede que lhe desabotoem um botão, o mesmo que havia pedido quando vagava pela estepe e, agradecendo por isso, manda que todos olhem para algum lugar e, nisso, ele morre.

Resumindo, o duque de Albany, que ficou vivo, declara: "Nós devemos nos culpar pelo peso desse tempo triste e expressar o que sentimos, não o que devemos dizer. O mais velho suportou mais que todos; nós, jovens, não veremos tanto e não viveremos tão longamente."[20] À música de uma marcha fúnebre, todos se retiram. É o fim do quinto ato e do drama.

---

20 O texto no original em inglês, não citado por Tolstói, é o seguinte: *"The weight of this sad time we must obey; Speak what we feel, not what we ought to say. The oldest hath borne most: we that are young Shall never see so much, nor live so long."*

III

Esse é o famoso drama. Por mais absurdo que possa ter parecido em minha transcrição, que procurei fazer o mais imparcialmente possível, ouso dizer que no original o drama é ainda mais absurdo. Para qualquer pessoa de nossa época, conquanto não se encontre sob a sugestão de que esse drama é o máximo da perfeição, seria suficiente lê-lo até o fim — bastando-lhe a paciência — para convencer-se de que não só não é o máximo da perfeição, mas é muito ruim, uma produção feita de forma descuidada que, embora possa ter sido interessante para alguém, para certo público, em seu tempo, entre nós não consegue suscitar nada mais do que aversão e tédio. É justamente essa a impressão que teria, em nosso tempo, cada leitor livre da influência de sugestões, também lendo todos os outros tão elogiados dramas de Shakespeare, sem falar dos absurdos contos dramatizados como *Péricles, A décima segunda noite, A tempestade, Cimbelino, Troilo e Créssida*.

Contudo, pessoas de pensamento livre, não condicionadas pela veneração a Shakespeare, já não se encontram hoje em nossa sociedade cristã. A cada pessoa de nossa sociedade e de nosso tempo, desde o início de sua vida consciente, é inculcado que Shakespeare é um poeta e um dramaturgo genial e que toda a sua obra é o máximo da perfeição. Por isso mesmo, por não me parecer supérfluo, eu tento mostrar, no drama que escolhi, *Rei Lear*, todas as falhas, igualmente características de todos os outros dramas e comédias de Shakespeare, devido ao fato de que ele não apenas não representa um modelo de arte dramática, mas não satisfaz aos mais elementares requintes da arte conhecidos por todos.

As convenções de todo drama, de acordo com as regras estabelecidas por aqueles mesmos críticos que exaltam Shakespeare, consistem em que os protagonistas, em função das ações características das pessoas que representam e do decorrer natural dos acontecimentos, sejam colocados em posições que — estando em oposição com o mundo circunstante — impliquem que esses protagonistas lutarão contra esse mundo e, nessa luta, manifestarão suas qualidades próprias.

No drama *Rei Lear*, os protagonistas são, na verdade, colocados externamente em oposição ao mundo circunstante e lutam com ele. Entretanto, a luta deles não flui do curso natural dos acontecimentos, nem da personalidade das personagens representadas, mas é estabelecida de modo completamente arbitrário pelo autor. Portanto, não pode produzir no leitor aquela ilusão que constitui a principal condição da arte. Lear não tem nenhum motivo e nenhuma necessidade de abdicar. Da mesma forma, tendo vivido a vida inteira com as filhas, não tem nenhum fundamento o fato de ele acreditar nas palavras das mais velhas e não na fala verdadeira da mais nova; no entanto, esses são os alicerces sobre os quais é construída toda a tragicidade de sua posição.

Igualmente artificial é o enredo secundário: a relação de Gloucester com seus filhos. A situação de Edgar decorre do fato de Gloucester, tal como Lear, haver acreditado na enganação mais grosseira e não haver sequer tentado perguntar ao filho enganado se a acusação que lhe fazem é verdadeira; mesmo assim o amaldiçoa e o bane.

O fato de que a atitude de Lear para com as filhas e a de Gloucester para com o filho sejam completamente idênticas faz com que se sinta ainda mais fortemente que, num caso e no outro, essas atitudes são inventadas propositalmente e não decorrem do curso natural dos acontecimentos.

Igualmente artificial e, pelo visto, inventado, é o fato de Lear, o tempo todo, não reconhecer seu velho servo Kent, e é por isso que as relações entre ambos não conseguem suscitar a compaixão do leitor ou do espectador. O mesmo, em um grau ainda maior, refere-se também a Edgar, que, não reconhecido por ninguém, conduz seu pai cego e o convence que ele saltou de um rochedo quando, na verdade, Gloucester salta num lugar plano.

Essas posições em que os protagonistas são colocados de forma completamente arbitrária são tão artificiais que o espectador (ou o leitor) não apenas não pode compartilhar suas vicissitudes, mas sequer se interessar por aquilo que ele vê ou lê. Isso, em primeiro lugar.

Em seguida, nesse, como nos outros dramas de Shakespeare, todos os personagens vivem, pensam, falam e agem completamente fora do tempo e do lugar que lhes deveria corresponder. Os acontecimentos do *Rei Lear* ocorrem em 800 a.C., enquanto os protagonistas são colocados em situações que seriam possíveis apenas na Idade Média: na peça atuam reis, duques, guerreiros, filhos ilegítimos, cavalheiros, cortesões, doutores, fazendeiros, oficiais, soldados e cavaleiros com viseiras etc.

Pode ser que esses anacronismos dos quais estão repletos todos os dramas de Shakespeare não tenham prejudicado a possibilidade de se iludir no século XVI ou no começo do XVII, mas — em nosso tempo — já não é possível acompanhar com interesse o curso de uma ação que, sabe-se muito bem, não teria podido se desenrolar naquelas condições que o autor descreve detalhadamente.

A invenção das circunstâncias que não se originaram do curso natural dos acontecimentos e das idiossincrasias dos personagens, e a não correspondência de tempos e lugares, ainda é intensificada pelos embelezamentos grosseiros que são frequentemente usados por Shakespeare nos momentos com a intenção de serem emocionantes. A tempestade nunca antes vista durante a qual Lear corre pela estepe, ou as ervas que, como uma guirlanda, não se sabe por quê, põe em sua cabeça, tal como Ofélia em *Hamlet*, ou, ainda, a vestimenta de Edgar, ou as falas do bobo, ou ainda o comparecimento do cavaleiro mascarado, Edgar — todos esses efeitos não apenas não reforçam a impressão que se deveria ter, mas produzem a ação contrária. *Mas sieht die Ansicht und man wird verstimmt*,[21] como diz Goethe.

Acontece frequentemente também que, mesmo durante esses efeitos claramente intencionais, como — por exemplo — o arrastar pelas pernas uma meia dúzia de cadáveres com os quais costumam terminar todas as tragédias de Shakespeare, em vez do medo e da piedade, o que se sente é vontade de rir.

---

21 Tradução fornecida por Tolstói, inclusive dos termos entre parênteses: "Vês a intencionalidade e isso estragará tua atitude (te irritará, te amargurará)."

IV

Mas não basta que os protagonistas de Shakespeare sejam colocados em situações trágicas impossíveis, que não sejam justificadas pelo curso dos eventos, e que não haja correspondência de tempo e lugar — os personagens que eles interpretam agem de uma maneira que não só não combina com seu caráter, mas é completamente aleatória. Costuma-se afirmar que, nos dramas de Shakespeare, o caráter dos personagens é particularmente bem expresso, e que — apesar de sua clareza —, os personagens apresentam uma personalidade plurifacetada, como a das pessoas em carne e osso e, além disso, que, ao expressar as características de um dado personagem, Shakespeare expressa, ao mesmo tempo, as características do ser humano, em geral. É comum dizer-se que isso é o máximo da perfeição, em Shakespeare. Isso é afirmado com grande segurança e repetido por todos como verdade inquestionável, mas, por mais que eu tenha me esforçado para encontrar isso nos dramas de Shakespeare, sempre encontrei o contrário.

Desde o começo, ao ler qualquer um dos dramas de Shakespeare, eu me convencia de que o que estava faltando de mais importante, senão de único meio de representar os personagens, era a "linguagem", ou seja, o fato de que cada personagem falasse a sua própria língua, adequada a seu caráter. Em Shakespeare isso não acontece. Todos os personagens shakespearianos falam não em sua linguagem própria, mas naquela que é sempre a mesma língua shakespeariana, pretensiosa e artificial, na qual não poderiam falar não só os personagens representados, mas nem sequer as pessoas vivas, em nenhum tempo e em nenhum lugar.

Nenhuma pessoa viva pode ou poderia dizer aquilo que diz Lear. Ele diz que haveria de se separar de sua mulher no túmulo, caso Regan não o aceitasse, ou que os céus se rompem com os gritos, ou que os ventos estalam, ou que o vento quer soprar a terra para o mar, ou que as águas onduladas querem inundar a margem — como a tempestade vem descrita pelo cavalheiro — ou que é mais fácil alguém suportar o próprio pesar e a alma contornar muitos sofrimentos quando o pesar encontra comunhão, e o suportar [o pesar], camaradagem; que Lear é sem filhos e eu sou sem pai — conforme diz Edgar —, outras expressões inaturais das quais estão repletos os discursos de todos os protagonistas, em todos os dramas de Shakespeare.

Como se não bastasse o fato de todos os protagonistas falarem como nunca falaram nem poderiam falar seres humanos, eles ainda sofrem de incontinência da linguagem. Os apaixonados, os que se preparam para a morte, os que lutam, os que morrem, todos, indistintamente, falam demasiado e desavisadamente sobre assuntos completamente inapropriados ao que está em jogo, guiados mais pelas consonâncias e pelos jogos de palavras do que pelos pensamentos.

Todos eles falam igual. Lear delira exatamente como Edgar o faz, ao fingir estar louco. Assim falam tanto Kent como o bufão. Os discursos de um protagonista podem se acomodar na boca de outro e, pelo tipo de discurso, não dá para saber quem está falando. Se existe diferença de linguagem naquilo que dizem os personagens de Shakespeare, trata-se apenas de diferentes falas proferidas por Shakespeare atrás de seus personagens, e não por eles.

Assim, Shakespeare fala pelos reis sempre na mesma linguagem inflada, vazia. Também na mesma linguagem shakespeariana, artificialmente sentimental, falam todas as mulheres que deveriam ser poéticas: Julieta, Desdêmona, Cordélia, Imogen, Marina. Da mesma maneira, e de forma completamente idêntica, fala Shakespeare atrás de seus vilões: Ricardo, Edmundo, Iago, Macbeth, expressando — no lugar deles — aqueles sentimentos vis que os vilões nunca expressam. E ainda mais semelhantes são as falas dos loucos com seus absurdos discursos e dos bobos com seus gracejos sem graça.

Por isso, a linguagem dos vivos, aquela linguagem que numa peça é o meio principal de representação de qualquer personagem, não existe em Shakespeare. (Se os gestos podem também ser um meio de expressão dos personagens, como no balé, isso é apenas um meio secundário). Além do mais, se os personagens falam aleatoriamente e de uma forma fortuita e todos eles com a mesma dicção, como no caso da obra de Shakespeare, inclusive o papel da gesticulação acaba sendo perdido. Portanto, o que quer que digam os apologistas cegos de Shakespeare, nele não há representação do caráter de um personagem.

Aqueles protagonistas que, em seus dramas, se apresentam como personagens, são personagens que ele toma emprestados de obras prévias que serviram de base a seus dramas e não são — na maioria das vezes — representados dramaticamente, o que consiste em exigir que cada ator fale sua própria linguagem, mas, sim, conforme o meio épico, que consiste em um personagem descrever os traços de outro.

A perfeição com que Shakespeare configura seus personagens é confirmada principalmente tendo como base Lear, Cordélia, Otelo, Desdêmona, Faltstaff, Hamlet. No entanto, esses personagens, tais como todos os outros, não pertencem a Shakespeare, mas são emprestados por ele de dramas que o precederam, ou de crônicas, ou de novelas. E esses personagens todos não são tornados mais fortes por ele, mas, em grande medida, são enfraquecidos e invalidados. Isso é particularmente visível no drama que analisamos, *Rei Lear*, por ele tomado de outro drama chamado *King Leir*, de autor desconhecido. Os personagens dessa peça, como o próprio Lear e — em particular — Cordélia, não apenas não foram construídos por Shakespeare, mas foram por ele surpreendentemente enfraquecidos e despersonalizados, em comparação com a peça antiga.

Na peça antiga, Leir abdica porque, tendo enviuvado, só pensa, agora, em salvar sua alma. Ele pergunta às filhas quanto é o amor que sentem por ele, para — graças a um expediente que ele inventou — reter a caçula, sua filha favorita, na ilha, com ele. As duas filhas mais velhas estão comprometidas, enquanto a mais jovem não quer os pretendentes que Lear está lhe propondo e ele teme que ela possa casar-se com algum rei de longe.

O expediente que ele excogitou, conforme Leir conta ao cortesão Perillus (Kent, em Shakespeare), é que, quando Cordélia lhe disser que o ama mais do que suas irmãs ou tanto quanto elas, ele dirá a ela que, como prova de seu amor, se case com o príncipe que ele indicar, na sua ilha.

Todos esses motivos que justificam a conduta de Lear não se encontram em Shakespeare. Depois, quando, na peça antiga, Leir pergunta às filhas sobre o amor por ele, Cordélia não diz, como em Shakespeare, que ela não dará todo seu amor ao pai, mas amará também o marido, se casar — coisa por sinal artificial —, mas o que diz é que não pode expressar seu amor em palavras e espera que seus atos o demonstrem. Goneril e Regan objetam que a resposta de Cordélia não é uma resposta e que o pai não pode aceitar de bom grado tamanha indiferença. De modo que, na peça antiga, existe o que não há em Shakespeare, ou seja, a explicação da raiva de Lear que o levou a deserdar a caçula. Leir, já é irado pelo fracasso de seu intento e as palavras envenenadas de suas filhas mais velhas o irritam ainda mais. Após a partilha do reino entre as duas filhas mais velhas, no drama antigo, segue-se a cena entre Cordélia e o rei da Gália, esboçando, em lugar da Cordélia sem cor de Shakespeare, o caráter muito determinado e atraente da sincera e terna filha menor, pronta ao sacrifício de si mesma.

Ao mesmo tempo em que Cordélia, sem se lamentar pelo fato de haver sido privada de sua parte da herança, está sentada, entristecida por haver-se privado do amor do pai e pensa em ganhar seu sustento com seu trabalho, chega o rei da Gália que, disfarçado de peregrino, deseja escolher sua noiva entre as filhas de Leir. Ele pergunta a Cordélia porque ela está triste e ela lhe conta o motivo de seu pesar. O rei da Gália, sob o disfarce de peregrino, se apaixona por ela e lhe oferece arranjar-lhe o matrimônio com o rei da Gália. Ela diz, entretanto, que só se casará com quem ela amar. Então o peregrino oferece-lhe sua mão e seu coração e Cordélia confessa que se apaixonou pelo peregrino e concorda em se casar com ele, apesar da pobreza e da privação que a esperam.

Em lugar dessa cena, em Shakespeare, Lear propõe a dois pretendentes recebê-la sem dote: um deles se recusa rudemente e o outro, sem se saber o porquê, a aceita.

Depois disso, na peça antiga, tal como em Shakespeare, Leir é submetido aos insultos de Goneril, à casa de quem ele foi, mas ele suporta essas ofensas de forma muito diferente que em Shakespeare: ele acha que devido a seu comportamento para com Cordélia ele merece esse tratamento e se submete pacificamente.

Tal como em Shakespeare, no velho drama, o cortesão Perillus-Kent, que intercedera por Cordélia e fora banido, aproxima-se de Leir e o assegura de seu afeto, porém não disfarçado, mas como o servidor fiel que não abandona seu rei no momento de necessidade. Leir diz a ele o que — de acordo com Shakespeare — Lear diz a Cordélia na última cena, ou seja, que, se as filhas que ele privilegiou o odeiam, então aquela a quem ele não fez o bem não pode amá-lo. Entretanto, Perillus-Kent garante seu amor ao rei e Leir se acalma e vai à casa de Regan. No drama antigo não há nenhuma tempestade, nem o arrancar de cabelos, mas o que há é um velho que morre de pena, enfraquecido e humilhado, rechaçado também pela outra filha que quer até mesmo matá-lo.

Tendo sido rechaçado pelas filhas mais velhas, Leir — na peça antiga — como último recurso de salvação, vai com Perillus até Cordélia. No lugar da expulsão artificial dele no meio da tempestade e de seu vagar pela estepe, Leir e Perillus, durante sua viagem à França, atingem, muito naturalmente, o último estágio de penúria: vendem suas roupas para pagar sua travessia por mar e, vestidos de pescadores, esgotados de fome e de frio, chegam à casa de Cordélia.

Novamente, em lugar do desvario inatural e coletivo de Lear, do bobo e de Edgar, em Shakespeare, no velho drama é apresentada a cena autêntica do encontro do pai com a filha. Cordélia, apesar de feliz, está sempre entristecida pelo pai e pede a Deus que perdoe as irmãs que o trataram mal. Ela encontra o pai que chegou ao último grau de miséria e quer se abrir com ele, mas o marido a aconselha a não fazê-lo, para não inquietar seu pai enfraquecido. Ela concorda e, sem se revelar ao pai, e sempre não reconhecida por ele, leva-o para sua casa e cuida dele. Leir, aos poucos, revive e a filha lhe pergunta quem é e como viveu antes.

"If from the first", diz Leir, *"I should relate the cause, I would make a heart of adamant to weep. And thou, poor soul, kind-hearted as thou art, Dost weep already, ere I do begin."*

Cordelia: *"For God's love tell it, and when you have done I'll tell the reason why I weep so soon."*[22]

E Leir relata tudo o que sofreu por causa de suas filhas mais velhas e diz que agora ele quer se abrigar junto àquela que estaria certa mesmo se o condenasse à morte.

---

22 Os dois trechos que aparecem no original, no texto em russo, não foram traduzidos literalmente por Tolstói que — porém — os adaptou assim: "Se eu fosse contar desde o começo", diz Leir, "então até um ser com coração de pedra choraria. E tu, pobrezinha, meiga, estás chorando já agora, antes de eu começar."
"Não, por Deus, conta", diz Cordélia; "e quando terminares eu te direi porque eu chorei antes mesmo de ouvir o que irias falar."

— Se, ao contrário — diz ele —, me receber com amor, isso será obra dela e de Deus, e não mérito meu.

Nisso, Cordélia diz:

— Oh, eu sei, com certeza, tua filha irá receber-te com amor.

— Como podes saber isso sem conhecê-la? — pergunta Leir.

— Eu sei — diz Cordélia —, porque longe daqui eu tive um pai que agiu tão mal comigo como tu com ela. E, mesmo assim, se eu apenas visse sua cabeça prateada, eu me arrastaria de joelhos até ele.

— Não, isso não pode ser — diz Leir —, porque não há no mundo filhos mais cruéis que os meus.

— Não julgue todos pelos pecados dos outros — diz Cordélia e se põe de joelhos. — Eis aqui, meu caro pai, vê — diz ela —, olha para mim, sou eu, tua filha que te ama.

O pai reconhece-a e diz:

— Não tu, mas eu devo ajoelhar-me e pedir teu perdão por todos os meus pecados para contigo.

Existe algo semelhante a essa magnífica cena no drama de Shakespeare?

Por mais estranha que possa parecer essa opinião aos apologistas de Shakespeare, para mim todo esse drama antigo parece, sem comparação e em todos os sentidos, melhor do que a releitura feita Shakespeare.

Ele é melhor porque, em primeiro lugar, não há nele protagonistas supérfluos que servem para desviar a atenção, como o malvado Edmundo e os amortecidos Gloucester e Edgar. Em segundo lugar, porque não há nele falsos efeitos como a corrida de Lear pela estepe, as conversas com o bufão, nem todos esses impossíveis travestimentos não reconhecidos e acúmulos de mortes; e — acima de tudo — porque há, nesse velho drama, o comovente caráter de Leir: simples, natural e profundo. E ainda há, de mais comovente, o caráter de Cordélia, determinado e encantador, que falta em Shakespeare. Portanto, no velho drama, em vez da arrastada cena da despedida de Lear e Cordélia e do desnecessário assassinato desta, há a tocante cena da reconciliação de Leir e Cordélia, nunca igualada em nenhum dos dramas de Shakespeare.

O velho drama encerra-se também mais naturalmente e mais de acordo com a exigência moral do espectador, ou seja, pela vitória sobre os maridos das irmãs mais velhas por parte do rei da Gália, e Cordélia, em lugar de ser morta, reinstala Leir em sua antiga posição.

Assim é o drama que examinamos, que Shakespeare tomou emprestado de *King Leir*.

A mesma coisa acontece com Otelo, retirado de uma novela italiana, e com Hamlet. Assim como acontece com Antonio, Bruto, Cleópatra, Shylok, Ricardo e todos os personagens de Shakespeare que foram retirados de alguma obra anterior. Shakespeare, valendo-se de personagens já dados em peças precedentes, romances, crônicas, ou nas *Vidas* de Plutarco, não apenas não consegue torná-los mais verdadeiros e vívidos, conforme afirmam seus apoiadores, mas, ao contrário, ele sempre os enfraquece e chega até a destruí-los, como acontece com Lear, levando seus personagens a realizar ações inaturais para eles, e — principalmente — a proferir discursos inapropriados, não apenas para eles, mas para qualquer um. Assim, em *Otelo*, que é talvez, não diria a melhor, mas a menos ruim de suas peças, e a menos gravada de prolixidades pomposas, os carácteres de Otelo, Iago, Cássio e Emília, de acordo com Shakespeare, são muito menos naturais e verídicos do que na novela italiana. Em Shakespeare, Otelo sofre de epilepsia e, como consequência, ele tem uma queda, no palco. Depois, sempre em Shakespeare, o assassinato de Desdêmona é precedido pelo estranho juramento de Otelo e Iago, ambos ajoelhados, e além disso, em Shakespeare, Otelo é negro e não mouro.

Tudo isso é sobremaneira pomposo, inatural e destrói a inteireza do caráter do personagem. E nada disso está na novela italiana. Na novela, também são apresentados, de forma natural, os motivos do ciúme de Otelo. Ali, Cássio, sabendo de quem é o lenço que ele encontra, vai até Desdêmona para devolvê-lo, mas, ao se aproximar das portas dos fundos da casa, vê que Otelo está chegando e sai correndo. Otelo vê que Cássio está fugindo e isso, mais do que tudo, confirma suas suspeitas. Isso não está em Shakespeare e, por sinal, é esse fato devido ao acaso que explica, mais do que qualquer outro, o ciúme do personagem. Em Shakespeare, o ciúme se baseia nas maquinações sempre bem-sucedidas de Iago e de suas falas vis, nas quais Otelo crê, cegamente. O monólogo de Otelo sobre Desdêmona adormecida, sobre — como ele deseja — ver se, quando morta, ela está como quando em vida, sobre ele amá-la mesmo morta e desejar, agora, sentir seu suspiro perfumado etc., é impossível. Uma pessoa que se prepara a matar o ser amado não pode proferir frases assim e — tanto menos — não pode, depois do assassinato, dizer que agora o sol e a lua devem se encobrir e a terra trincar-se; nem pode, por negro que seja, apelar para os diabos, convidando-os a queimá-lo em enxofre incandescente etc. Finalmente, por mais importante que seja seu suicídio, que não ocorre na novela, ele destrói completamente a concepção do personagem que ele representa. Se ele realmente sofre pela dor e pelo remorso, então, querendo se matar, não pode proferir frases sobre seus servos, sobre pérolas e lágrimas, que ele verte "como goteja a goma das árvores da Arábia",[23] e ainda menos sobre o turco que injuriou uma italiana e como, por isso, ele o castiga *assim*! De modo que, apesar da forte mudança de sentimento quando, sob a influência dos indícios que lhe dá Iago, em Otelo desperta o ciúme, e novamente nas cenas dele com Desdêmona, a representação do personagem de Otelo vai se destruindo aos poucos com seu *páthos* falso e com os discursos inaturais que ele profere.

Isso, quanto ao protagonista principal — Otelo. Porém, não obstante as modificações malsucedidas

---

23 O original russo adaptou esta frase de Shakespeare: "[...] as fast as the Arabian trees their medicinal gum".

que o personagem sofreu, se comparado com o da novela original, ele ainda permanece sendo um personagem. Os outros são completamente desfeitos por Shakespeare. Iago, tal como ele o caracterizou, é um vilão declarado, enganador, ladrão, interesseiro, que roubou Rodrigo e sempre teve sucesso em seus planos mais impossíveis, sendo, portanto, uma pessoa completamente à parte da vida real. Em Shakespeare, o motivo de sua maldade é que, primeiro, Otelo não lhe deu o posto que ele almejava; segundo, que ele suspeitava de Otelo com sua própria mulher; e, terceiro — assim ele diz —, ele sentia um estranho amor por Desdêmona. Há muitos motivos, mas todos eles são vagos. Na novela, ao contrário, só há um único e claro motivo: o amor desvairado de Iago por Desdêmona, que se transforma em ódio para com ela e Otelo, depois de ela haver preferido o mouro e o haver desdenhado. Ainda mais inatural é o protagonista completamente dispensável, Rodrigo, que, roubado e enganado por Iago, que lhe promete o amor de Desdêmona, é obrigado a fazer tudo o que ele manda: embebedar Cássio, provocá-lo e, depois, matá-lo. Quanto a Emília, que diz tudo o que o autor inventou de lhe pôr na boca, já não tem nenhuma semelhança com um ser vivo.

"Mas Falstaff, o surpreendente Falstaff" — dirão os apologistas de Shakespeare —, "dele já não se pode dizer que não seja um ser vivo e que, mesmo se tirado da comédia de um autor desconhecido, tenha sido enfraquecido."

Ora, Falstaff, como todos os protagonistas de Shakespeare, é retirado de uma tragédia ou comédia de autor desconhecido, baseada numa pessoa que realmente viveu, Sir John Oldcastle, que havia sido amigo de certo duque. Oldcastle havia sido acusado de heresia e salvo por seu amigo duque. Mais tarde, porém, ele foi condenado e queimado na fogueira por suas crenças religiosas que não condiziam com as do catolicismo. Foi sobre esse mesmo Oldcastle que foi escrita, por autor desconhecido, para agrado do público católico, uma comédia ou tragédia, que zombava desse mártir por sua fé e fazia dele um ser desprezível, companheiro de bebedeira do duque, e foi dessa peça que Shakespeare tirou não apenas o caráter de Falstaff, mas a atitude cômica em relação a ele. Nos primeiros trabalhos de Shakespeare, quando surgiu esse protagonista, ele se chamava Oldcastle.

Mais tarde, porém, quando o protestantismo novamente triunfou na época elisabetana, ficou constrangedor zombar dos tormentos pela luta contra o catolicismo e os prosélitos de Oldcastle protestaram. Diante disso, Shakespeare mudou o nome de Oldcastle para Falstaff, também nome de um personagem histórico, conhecido por haver desertado do campo de batalha, em Agincourt.

Falstaff é sem dúvida um personagem plenamente natural e característico, sendo, talvez, o único protagonista natural e autêntico representado por Shakespeare. Isso porque é o único entre os protagonistas de Shakespeare que fala numa linguagem condizente com seu caráter. Ela é apropriada porque ele fala como costuma falar Shakespeare, um discurso repleto de anedotas sem graça e jogos de palavras que são divertidos e que — inapropriados para todos os outros personagens de Shakespeare — são bem condizentes com o caráter vanglório, distorcido e depravado do bêbado Falstaff. É apenas por isso que esse personagem representa realmente um caráter bem definido. Infelizmente, a artisticidade desse caráter é destruída pelo fato de que o personagem é tão repulsivo por sua gula, bebedeira, deboche, patifaria, enganação e covardia, que fica difícil compartilhar o sentimento de alegre comicidade com a qual a ele se dirige o autor. Isso, quanto a Falstaff.

Em nenhum de seus protagonistas é tão conspícua, não diria a incapacidade, mas — explicitamente — a total indiferença em dar especificidade a um caráter, como em *Hamlet*. E em nenhum dos outros trabalhos de Shakespeare vemos, tão surpreendentemente exibida, essa adoração por Shakespeare, esse estado hipnótico tão desarrazoado, em virtude do qual não se admite sequer pensar que qualquer produção de Shakespeare possa carecer de genialidade, ou que algum de seus personagens principais, em suas peças, possa não ser a expressão de um novo caráter, concebido profundamente. Shakespeare toma uma velha história ou peça, não ruim, em seu gênero, que diz: *"Avec quelle ruse Amleth qui depuis fut Roy de Dannemarch, vengea la mort de son père Horwendille, occis par Fengon son frère, et autre occurrence de son histoire*"²⁴, e que foi escrita sobre esse tema uns quinze anos antes dele. Sobre esse assunto ele escreve a sua peça, colocando inapropriadamente na boca do protagonista todos os seus pensamentos que ele considera dignos de atenção, como sempre faz.

Põe na boca de seu herói pensamentos sobre a brevidade da vida (o coveiro), a morte (*to be or not to be*), os mesmos que são expressos em seu 66.º soneto (sobre o teatro, sobre as mulheres). Ele não está minimamente preocupado com as circunstâncias nas quais são ditas essas frases e o que obviamente ocorre é que o ator que as pronuncia torna-se um fonógrafo de Shakespeare, priva-se de qualquer especificidade e suas ações não coincidem com as suas falas.

Na lenda de Amleth, a personalidade desse protagonista principal é plenamente compreensível: ele está indignado com a relação entre a mãe e o tio e quer vingar-se dele, mas teme que o tio o mate como matou o pai. Devido a isso ele se finge de louco, desejando ter o tempo de observar tudo o que se passa no palácio. Mas o tio e a mãe, com medo dele, querem se certificar se ele é mesmo louco ou se está fingindo, e mandam a moça que ele amava falar com ele. Ele continua fingindo e, ao encontrar-se a sós com a mãe, mata o cortesão

---

24 Aqui, Tolstói fornece, no rodapé, sua própria tradução do trecho em francês antigo: "Com que astúcia Amleth, que se tornou depois rei da Dinamarca, vingou a morte de seu pai Horwendille, morto por seu irmão Fengon, e outras ocorrências dessa narrativa."

que os estava espionando e censura a mãe. Em seguida, ele é enviado à Inglaterra, mas intercepta as cartas e, voltando da Inglaterra, vinga-se de seus inimigos, queimando-os todos.

Tudo isso é compreensível e decorre do caráter e da posição de Hamlet. Entretanto, Shakespeare, colocando na boca de Hamlet aquelas falas que ele mesmo quer proferir e exigindo que ele realize certas ações que são necessárias ao autor para que possa produzir efeitos cênicos, destrói tudo o que constitui o caráter de Hamlet, na lenda. Hamlet, durante o drama inteiro, não está fazendo o que realmente desejaria fazer, mas aquilo que é necessário para o plano do autor. Ora ele é tomado por terror diante do fantasma do pai, ora começa a zombar dele chamando-o de "velha toupeira"; ora ama Ofélia, ora a provoca, e assim por diante. Não há nenhuma possibilidade de encontrar qualquer explicação para os fatos e para os discursos de Hamlet e, consequentemente, não se pode atribuir-lhe nenhum tipo de caráter.

Mas, tal como é mais do que sabido, o genial Shakespeare não podia escrever nada de ruim, logo, as pessoas estudadas usavam todo o poder de suas mentes para encontrar belezas incomuns naquilo que era evidentemente uma falha, demonstrada particularmente em *Hamlet*, que consiste na falta de caráter do protagonista principal.

E eis os críticos sagazes declarando que nesse drama, no personagem de Hamlet se manifesta de forma insolitamente forte um caráter novo e profundo que consiste, justamente, no fato de esse protagonista não ter caráter e que é nessa ausência que está a genialidade da criação de um personagem concebido profundamente. Assim decidido, os críticos estudados escrevem um tomo após o outro, de modo que o apreço e a explicação da grandeza e da importância da representação do caráter de um homem que não tem caráter acabam constituindo enormes bibliotecas. É verdade que alguns dos críticos, às vezes, expressam timidamente a ideia de que há alguma coisa de estranho nesse protagonista, que Hamlet é um enigma insolúvel, mas ninguém se atreve a dizer que o rei está nu, e que é claro como o dia o fato de que Shakespeare não foi capaz e/ou não quis dar nenhum caráter a Hamlet. E os críticos estudados continuam a investigar e a louvar essa produção intrigante que faz lembrar da famosa pedra com uma inscrição, que Pickwick havia encontrado perto da porta de um chalé e que dividia o mundo científico em dois campos hostis.

Isso é para mostrar que as personalidades de Lear, Otelo, Falstaff ou mesmo Hamlet não confirmam de maneira alguma a opinião corrente de que a força de Shakespeare era a construção de personalidades.

Se, nos dramas de Shakespeare, se encontram também personagens que apresentam certos traços de caráter, a maior parte deles é constituída por protagonistas secundários, como Polônio, em *Hamlet*, Portia em *O mercador de Veneza*; esses personagens relativamente vivos entre os quinhentos ou mais secundários, e a total ausência de caráter dos principais protagonistas, não demonstram de maneira alguma que o mérito dos dramas de Shakespeare está na descrição do caráter.

Uma grande mestria em descrever o caráter dos personagens foi atribuída a Shakespeare devido ao fato de que, nele, há realmente uma peculiaridade que — para os observadores superficiais e se os atores são bons — pode ser tomada como capacidade de criar o caráter dos personagens. Essa peculiaridade consiste na habilidade de criar cenas que expressam o movimento, o jogo. Por mais inaturais que possam ser as situações em que ele coloca seus personagens, por mais inadequada a linguagem com que os obriga a falar, por menos rosto próprio que eles tenham, o mero jogo dos sentimentos: sua modificação, sua ampliação, as reuniões de muitos sentimentos e sensações contraditórias são mostradas, muitas vezes, de forma verdadeira e intensa em algumas cenas shakespearianas que, na atuação de bons atores, suscitam, mesmo que dure pouco tempo, a simpatia para com os protagonistas.

O próprio Shakespeare, que era um ator e um homem inteligente, sabia como expressar não apenas com palavras, mas por meio de exclamações, gestos e repetições de palavras tanto os estados de espírito quanto as mudanças dos sentimentos dos protagonistas. Assim, em muitos momentos, esses protagonistas, no lugar de falar, apenas exclamam, choram ou manifestam com gestos, no meio de um monólogo, a gravidade de sua situação (assim, por exemplo, Lear pede que lhe soltem um botão), ou — no momento da mais forte tensão —

muitas vezes tornam a perguntar ou a repetir aquela frase que mais os chocou, como fazem, por exemplo, Otelo, Macduff, Cleópatra e outros. Esses sapientes procedimentos de representar o movimento, o jogo dos sentimentos, permitindo aos bons atores manifestar sua arte, foram e são, muitas vezes, tomados por muitos críticos como capacidade de criar personagens. Mas, por mais fortemente que possa ser expresso, numa cena, esse jogo/movimento de sentimentos, uma única cena não pode dar o caráter de um personagem, quando esse mesmo personagem, depois de um gesto ou de uma exclamação bem a propósito, começa a falar numa língua que não é a sua, conforme a vontade arbitrária do autor, a pronunciar ininterruptamente discursos desnecessários e que não correspondem a seu ser.

V

"Então, como ficam os discursos profundos e os ditos dos protagonistas de Shakespeare?" dizem os apologistas de Shakespeare. "Como fica o monólogo de Lear sobre a castigo, o discurso de Kent sobre a vingança, a fala de Edgar sobre a sua vida pregressa, a de Gloucester sobre volubilidade do destino e, em outros dramas, os famosos discursos de Hamlet, Antonio e outros?"

Pensamentos e ditos podem ser apreciados, respondo eu, em narrativas em prosa, em tratados, em coletâneas dramáticas que visam suscitar a compaixão para com aquilo que é representado. É por isso que os monólogos e os ditos de Shakespeare, mesmo que contivessem muitos pensamentos profundos e novos, coisa que eles não contêm, não poderiam constituir os méritos de uma produção artística poética. Ao contrário, esses discursos, proferidos em condições inaturais, só podem comprometer as obras artísticas.

As obras artísticas poéticas e, em particular, o drama, devem — antes de mais nada — suscitar no leitor ou no espectador a ilusão de que aquilo pelo qual a pessoa representada está passando ou está experimentando é sentido ou experimentado por ele mesmo, leitor ou espectador. Para tanto, é importante o que devem ou não devem fazer os protagonistas do dramaturgo: dizer, agir etc., para não destruir a ilusão do leitor ou do espectador.

Esses discursos, por mais profundos e expressivos que sejam, uma vez colocados na boca dos protagonistas, se eles não coincidem com a situação e o caráter do personagem por serem supérfluos ou inaturais, acabam destruindo a grande condição da obra dramática — a ilusão —, graças à qual o leitor ou o espectador pode viver os sentimentos e as sensações dos protagonistas. É possível, para não destruir a ilusão, deixar de dizer muita coisa, que será completada pelo leitor ou espectador e, às vezes, como consequência disso, a ilusão pode ficar até intensificada. Entretanto, falar o supérfluo é o mesmo que, após ter derrubado uma estátua, juntar os pedaços que a compunham, ou retirar a lâmpada de uma lanterna mágica. Com isso, a atenção do leitor ou espectador é dispersada, o leitor vê o autor, o espectador vê o ator, a ilusão desaparece, e fazê-la voltar, às vezes, já não é possível. Sem o senso da medida não pode haver artista, e em particular — não pode haver dramaturgo. Shakespeare era completamente desprovido desse sentido.

Os protagonistas de Shakespeare dizem e fazem continuamente aquilo que não apenas não é natural para eles, mas é desnecessário. Não vou dar aqui novos exemplos por supor que quem não consegue ver por si só essa falha, patente em todos os dramas de Shakespeare, não será convencido por nenhum tipo de prova ou exemplo. É suficiente ler tão somente o *Rei Lear*, com sua loucura, assassinatos, arrancamento de olhos, o salto de Gloucester, envenenamentos, xingações, sem falar de *Péricles*, *Cybeline*, *Conto de inverno*, *A tempestade* (todas essas, produções do período da maturidade) para se convencer. Somente alguém desprovido do senso da medida e do gosto poderia escrever *Titus Andronicus* ou *Troilo e Créssida*, ou mutilar sem piedade o velho drama *King Leir*.

Gervinus tenta demonstrar que Shakespeare possui o sentido da beleza, *"Schönheit's Sinn"*, mas todas as outras provas só demonstram que ele, Gervinus, é completamente desprovido disso. Em Shakespeare tudo é exagerado: as ações são exageradas, as consequências delas também, os discursos dos personagens, e — com isso —, a cada passo, é destruída a possibilidade da impressão artística.

Qualquer coisa que possa ser dita, qualquer entusiasmo que possa ser suscitado pelas obras de Shakespeare, qualquer mérito que possa lhe ser atribuído, o que há de certo é que ele não era um artista e suas obras não são obras artísticas. Sem senso da medida não houve nem há alguém que possa se dizer artista, tal como sem senso de ritmo não pode haver musicista.

"Mas não se pode esquecer o tempo no qual escreveu Shakespeare", dizem seus admiradores. "Era uma época de costumes cruéis e grosseiros, tempo em que estava em voga o eufemismo, ou seja, o procedimento de expressão artificial, tempos de formas de vida estranhas para nós. Por isso, para julgar Shakespeare é preciso ter em vista quando ele escreveu. Em Homero também, como em Shakespeare, há muita coisa estranha para nós, mas isso não diminui nossa admiração por Homero", contam esses admiradores. Mas, se compararmos os dois, Shakespeare e Homero, tal como faz Gervinus, aparece muito nitidamente aquela infinita distância que separa a verdadeira poesia de algo que se assemelha a ela. Por mais que Homero esteja longe de nós, conseguimos, sem nenhum esforço, nos transportar para aquela vida que ele descreve, e nós podemos fazer isso porque, por mais estranhos que nos pareçam os acontecimentos descritos por Homero, ele acreditava naquilo que dizia e falava com seriedade daquilo que escrevia e, por isso, ele nunca exagerava, e o sentido da medida nunca o abandonava. Essa é a razão pela qual, sem falar dos maravilhosamente claros, vivos e belos caracteres de Aquiles, Heitor, Príamo, Odisseu e as cenas eternamente enternecedoras da despedida de Heitor, da mensagem de Príamo, do retorno de Odisseu e outras, toda a *Ilíada* e, especialmente, a *Odisseia*, são tão naturais e próximas a nós como se nós mesmos tivéssemos vivido e vivêssemos entre deuses e heróis. Isso não acontece com Shakespeare. Desde as suas primeiras palavras vê-se o exagero: o acúmulo de acontecimentos, o acúmulo de sentimentos, o acúmulo de expressões.

Vê-se, agora, que Shakespeare não acredita naquilo que diz por ele não precisar disso, que ele inventa os acontecimentos que descreve e que é indiferente aos seus personagens, que ele os concebe apenas para o palco e, por isso, faz com que eles façam e digam o que pode chocar o público.

É por isso que nós não acreditamos nem nos acontecimentos, nem nas ações, nem nos padecimentos de seus protagonistas. Nada poderia tornar tão clara a total ausência de sentimento artístico em Shakespeare, como sua comparação com Homero. As obras de Homero são artísticas, poéticas, originais e vividas pelo autor ou autores.

As obras de Shakespeare, emprestadas como são, e — feitas exteriormente — como mosaicos, cujas pedrinhas são justadas artificialmente como composições inventadas para a ocasião, nada têm em comum com a arte ou com a poesia.

VI

Não poderia ser, contudo, que a concepção do mundo que Shakespeare tem seja tão elevada que, embora não satisfazendo as demandas estéticas, esteja abrindo para nós uma visão de mundo tão nova e importante para todos que, em consideração à importância que ela tem, todas as faltas dele como artista se tornem irrelevantes? Isso é o que dizem os admiradores de Shakespeare.

Gervinus diz claramente que, além da significância de Shakespeare no âmbito da poesia dramática, em que — segundo ele — Shakespeare se iguala a Homero no domínio do epos, "sendo Shakespeare como que o mais raro conhecedor da alma humana, ele demonstra ser o mestre da mais indiscutível autoridade ética e o mais seleto líder no mundo e na vida".

No que consiste, então, essa indiscutível autoridade ética do mais seleto líder no mundo e na vida? Gervinus dedica o capítulo final de seu segundo volume — quase cinquenta páginas — a essa explicação.

A autoridade ética desse mestre de vida consiste no seguinte: o ponto de partida da visão de mundo moral de Shakespeare, diz Gervinus, é que ao ser humano são dadas as forças da atividade e as forças da determinação dessa atividade. E é por isso que, antes de tudo, de acordo com Gervinus, Shakespeare considera bom e necessário para o homem que ele aja (como se o ser humano pudesse não agir).

"Die thatkräftigen Männer, Fortinbras, Bolingbroke, Alcibiades, Octavius spielen hier die gegensätzlichen Rollen gegen die verschiedenen Thatlosen; nicht ihre Charaktere verdienen ihnen Allen ihr Glück und Gedeihen etwa durch eine grosse Ueberlegenheit ihrer Natur, sondern trotz ihrer geringeren Anlage stellt sich ihre Thatkraft an sich über die Unthätigkeit der Anderen hinaus, gleichviel aus wie schöner Quelle diese Passivität, aus wie schlechter jene Thätigkeit fliesse."[25]

---

25 "Os homens dinâmicos, Fortinbras, Bolingbroke, Alcibíades e Otávio, desempenham aqui os papéis opostos àqueles de alguns, que são indolentes; não são seus caracteres que garantem a todos a felicidade e a prosperidade, eventualmente, por meio de uma imensa superioridade de sua natureza, mas, embora apresentando exíguo talento, é em si sua energia que se destaca acima da indolência dos outros, não importa de que bela fonte a passividade flua, não importa de que fonte grosseira a energia brote." (Tradução de Celeste Henriques Marquês Ribeiro de Sousa)

Ou seja: há pessoas que agem, como Fortinbras, Bolingbroke, Alcibíades e Otávio — diz Gervinus —, que são colocadas por Shakespeare como opostas a outras que não manifestam nenhuma ação ativa. De acordo com Shakespeare, então, quem consegue sucesso e felicidade são as pessoas que possuem esse caráter ativo, não atribuível em absoluto à superioridade de sua natureza; pelo contrário, sem levar em conta a inferioridade de seus dons, a capacidade de ação, de *per se*, confere a essas outras pessoas vantagem sobre a inatividade, independentemente de qualquer consideração quanto ao fato de que a inatividade de algumas pessoas possa se originar de excelentes impulsos e a atividade de outras, de impulsos ruins.

"A atividade é um bem, e a inatividade — um mal. A atividade transforma o mal em bem", diz Shakespeare. De acordo com Gervinus, Shakespeare prefere o princípio de Alexandre (da Macedônia) ao de Diógenes. Em outras palavras, Shakespeare prefere a morte, o assassinato devido à ambição, do que a sabedoria e o comedimento.

De acordo com Gervinus, Shakespeare acredita que a humanidade não precisa se colocar ideias, mas que precisa, para tudo, de uma atividade saudável e do meio-termo áureo. Ele é tão tomado por essa convicção que — sempre de acordo com Gervinus — ele se permite, inclusive, negar a moral cristã que "faz exigências exageradas à natureza humana". Shakespeare, segundo Gervinus, não vê com bons olhos que as limitações do dever se sobreponham às intenções da natureza. Ele ensina o meio-termo áureo entre o ódio pagão para com os inimigos e o amor cristão para com eles (p. 561 e 562): "O quanto Shakespeare fosse penetrado por seu princípio basilar da *razoável moderação*, continua dizendo Gervinus, "pode ser visto principalmente pelo fato de que ele ousou manifestar-se até mesmo contra as regras cristãs que incentivam a natureza humana à tensão superlativa de suas forças. Ele não propôs que os limites da obrigatoriedade fossem além daqueles predestinados pela natureza. Por isso propunha ao indivíduo um meio-termo razoável e entre as prescrições cristãs e pagãs; por um lado, o amor aos inimigos e, por outro, o ódio para com eles."

"Aquilo que pode fazer do mal um bem demasiado (superar os limites razoáveis do bem) é convincentemente mostrado pelas palavras e pelos exemplos de Shakespeare. Assim, o excesso de generosidade chega a matar Timão, enquanto a moderada generosidade de Antonio confere-lhe respeito; uma ambição normal torna grande Henrique V, ao mesmo tempo em que mata Percy, por haver-se tornado excessiva. A virtude exagerada leva Ângelo à destruição, e se, para aqueles que estão à sua volta, o excesso de severidade se torna prejudicial e não consegue prevenir o crime, por outro lado, também o elemento divino que há no homem, mesmo a caridade, quando excessiva, pode originar o crime."

Shakespeare ensinou, diz Gervinus, que se *pode fazer demasiado bem*.

Ele ensina (segundo Gervinus) que a moralidade, tal como a política, é uma matéria em relação à qual, devido à complexidade dos motivos e das circunstâncias, não podem ser colocadas regras (p. 563): "Do ponto de vista de Shakespeare — e nisso ele está de acordo com Bacon e Aristóteles —, não há leis religiosas e morais positivas que possam dar origem a princípios para uma conduta moral correta, que valha para todos os casos."

Gervinus expressa de forma extremamente clara toda a teoria moral de Shakespeare, dizendo que ele não escreve para aquelas classes para as quais são convincentes determinados princípios e leis religiosos (ou seja, 999 — de mil pessoas), mas para as classes educadas, que conseguiram ter uma compreensão existencial saudável e um estado geral, em função dos quais a consciência, a inteligência e a vontade, todas juntas, permitem a orientação para fins existenciais válidos. Mas, também para esses felizardos, sempre de acordo com Gervinus, esse aprendizado pode ser perigoso se for tomado em partes e não no todo (p. 584): "Há classes de pessoas cuja moralidade é melhor guardada por preceitos religiosos e leis do Estado; para essas pessoas as criações de Shakespeare são inacessíveis. Elas, ao contrário, são acessíveis e compreensíveis para as pessoas educadas, das quais se pode exigir que tenham adquirido um tino existencial saudável e uma autoconsciência tais, que lhes tenham permitido assimilar os poderes inatos da consciência e da razão que nos governam e que, juntamente com a nossa vontade, possam levar-nos à obtenção determinada de fins existenciais dignos. Mas, mesmo para essas pessoas educadas, os ensinamentos de Shakespeare não deixam de ser perigosos, às vezes. A condição para que seu ensinamento não seja perigoso é que seja aceito na sua inteireza, em todas as suas partes, sem nenhuma omissão. Assim, não apenas não será perigoso, mas será o mais claro e o mais isento de erros, logo, o mais confiável de todos os ensinamentos morais."

Então, para aceitar tudo é preciso compreender — de acordo com a opinião dele — que é tolo e prejudicial para o indivíduo revoltar-se ou tentar derrubar os limites das forças religiosas ou governamentais já estabelecidas. (Veja a página 556: "Para Shakespeare", diz Gervinus, "seria horrível um indivíduo livre e independente que, com espírito firme, lutasse contra toda lei, seja política, seja moral, e passasse por cima da união do Estado e da religião que, há mais de mil anos, sustenta a sociedade. De acordo com seu ponto de vista, a sabedoria prática das pessoas não teria fim mais elevado do que a introdução na sociedade da maior espontaneidade e liberdade, mas — justamente por isso — devem-se salvaguardar como sagradas e indestrutíveis, as leis naturais da sociedade. Deve-se respeitar o estado de coisas existentes, verificá-lo continuamente, inculcando seus aspectos racionais e não esquecendo a natureza, por causa da cultura e vice-versa.") A família, a propriedade e o Estado são sagrados. A tendência para o reconhecimento da igualdade entre os homens é insanidade. Sua implementação trará à humanidade um grande mal (p. 571 e 572): "Ninguém mais do que Shakespeare lutou contra os privilégios do escalão e da posição, mas será que esse homem livre-pensador admitiu que os privilégios dos ricos e dos bem-educados fossem eliminados para deixar lugar aos pobres e aos ignorantes? Como pode esse homem, que com tanta ênfase defende a honra, permitir que, juntamente com a posição e as distinções obtidas pelos serviços prestados, viesse a ser abandonada a mera aspiração por aquilo que é elevado, e que — com a destruição de todos os graus — os motivos para todos os empreendimentos superiores seriam amortecidos? Caso cessasse realmente a atração que as pessoas sentem pelas honrarias e pelo poder obtido ilegalmente poderia, então, o poeta admitir a mais terrível de todas as violências, o poder da multidão ignorante? Ele viu que, graças a essa igualdade que se prega agora, tudo pode passar a ser violência e a violência passar a ser atos arbitrários e esses se transformarem numa paixão incontrolável que destroçará o mundo como o lobo faz com sua presa e, no fim, o mundo engolirá a si próprio. Mesmo que isso não aconteça com a humanidade ao atingir a igualdade — se o amor entre as nações e a paz eterna não for esse impossível 'nada' de que fala Alonso em *A tempestade*, mas se — ao contrário — for possível realmente atingir a tendência para a igualdade, então o poeta achará que o mundo chegou à velhice e à extinção, e que, por isso, para as pessoas ativas, não valerá a pena viver."

Essa é a visão de mundo de Shakespeare, segundo seu maior admirador e conhecedor.

Outro, entre os mais atuais admiradores de Shakespeare, Georg Brandes, acrescenta o seguinte ao que foi dito:

"Ninguém, obviamente, pode conservar sua vida completamente isenta da falsidade, enganação e injúria dos outros. Mas a falsidade e o engano não são sempre vícios, e mesmo o mal causado a outrem não é necessariamente um vício: muitas vezes é simplesmente uma necessidade, uma arma legítima, um direito. Essencialmente, Shakespeare sempre achou que não há proibições incondicionais ou deveres incondicionais. Por exemplo, ele não duvidou do direito de Hamlet matar o rei, nem de seu direito de ferir mortalmente Polônio. Entretanto, Hamlet não podia evitar o sentimento de indignidade e repulsa que sentia quando — olhando à sua volta — ele via em todo lugar como, sem cessar, as mais elementares leis morais estavam sendo destruídas. Então, em sua alma, se formava como que um círculo compacto de pensamentos que diziam respeito àquilo que ele havia confusamente sempre sentido: esses mandamentos incondicionais não existem; a validade e o significado de um ato, para não falar de um caráter, não dependem de sua observância ou infração; a essência toda está nos conteúdos com os quais o indivíduo isolado, no momento de decidir e sob sua própria responsabilidade, preenche a forma desses mandamentos legais." (Georg Brandes, *Shakespeare e suas obras*)

Em outras palavras, Shakespeare vê claramente, agora, que a moral do objetivo, da meta, da finalidade, é a única verdadeira e a única possível. Assim, de acordo com Brandes, o princípio fundamental de Shakespeare, em função do qual ele, Brandes, o glorifica, é que *o fim justifica os meios* — a ação a qualquer preço, a total ausência de qualquer ideal, a moderação em tudo, a conservação das formas de vida uma vez estabelecidas e o fim que justifica os meios.

Se formos acrescentar a isso o patriotismo chauvinista inglês, expresso em todas as peças históricas, patriotismo esse para o qual o trono inglês é sagrado, os ingleses sempre ganham dos franceses, matando mil e perdendo apenas dez, Joana d'Arc é uma bruxa e Heitor e todos os troianos — dos quais descendem os ingleses — são heróis, enquanto os gregos são covardes e traidores etc., veremos qual é a visão de mundo do mais sábio mestre de vida, na opinião de seus maiores admiradores. E quem for ler atentamente os trabalhos de Shakespeare não terá dificuldade em reconhecer que a descrição dessa visão de mundo shakespeariana que tem seus admiradores é completamente correta.

A validade de toda produção poética depende de três fatores:

1) O assunto, o conteúdo da obra: quanto mais o conteúdo é significante, ou seja, quanto mais importante ele é para a vida das pessoas, melhor é a obra.

2) A beleza exterior, obtida pelos procedimentos da técnica, próprios a cada tipo de arte. Assim, na arte

dramática, um procedimento técnico será uma linguagem verdadeira, apropriada ao caráter de cada personagem, natural; e — ao mesmo tempo — um enredo que toque o público; um cenário adequado à manifestação e ao desenvolvimento da emoção; e o senso da medida em tudo o que é representado.

3) A sinceridade, ou seja, aquilo que o escritor deve sentir pelo que expressa. Sem essa condição não pode haver obra de arte, pois a essência da arte consiste na produção da obra ser contagiada pelo sentimento do autor. Se o autor não sente realmente o que expressa, então o receptor também não será contagiado pelo sentimento, não experimentará nenhuma emoção e a produção não poderá ser considerada uma obra de arte.

O caráter das peças de Shakespeare, tal como é visto nas explicações de seus maiores admiradores, é a visão de mundo mais baixa e vulgar, que considera a elevação exterior dos poderosos do mundo como uma distinção verdadeira, despreza a multidão, ou seja, a classe trabalhadora, que nega não apenas todas as tendências religiosas, mas também as humanitárias que visam à mudança da ordem existente.

O segundo fator, também, com exceção da condução das cenas em que se manifesta o jogo [o movimento] dos sentimentos, está de todo ausente em Shakespeare. Sua obra não apresenta a naturalidade das situações, não há a linguagem dos protagonistas e — principalmente — não há o senso da medida, sem o qual a obra não pode ser artística.

O terceiro e mais importante fator — a sinceridade — falta completamente em suas obras. Em todas elas vê-se uma artificialidade intencional, percebe-se que não é *in earnest* [a sério], mas que ele brinca com as palavras.

VII

As obras de Shakespeare não respondem às exigências de toda arte e, além disso, sua tendencia é a mais baixa e imoral. O que significa, então, essa elevada consideração de que, há mais de cem anos, são objeto suas produções?

A resposta a isso poderia parecer mais difícil se as obras de Shakespeare tivessem validade, se houvesse nelas algum atrativo plausível, por algum motivo que justificasse suas louvações extremadas e inconvenientes. Mas aqui estamos diante de dois extremos: obras abaixo de qualquer crítica, grosseiras e sem moral, e uma louvação geral irracional que coloca essas obras acima de tudo o que foi jamais produzido pelo ser humano. Como se explica isso?

Muitas vezes, durante minha vida, tive a oportunidade de discutir sobre Shakespeare com seus admiradores, não apenas com pessoas pouco sensíveis à poesia, mas com outras que sentiam agudamente sua beleza, tais como Turguêniev, Fet e outros; e — toda vez — eu me deparava com a mesma atitude quanto a minhas objeções aos louvores que eram feitos a Shakespeare.

Eu não era refutado quando apontava os defeitos de Shakespeare; mas essas pessoas apenas me comiseravam por minha incompreensão e me instigavam a reconhecer a grandeza extraordinária e sobrenatural de Shakespeare, e não me explicavam no que consistiam todas essas belezas, mas apenas indefinida e sobejamente se entusiasmavam com todo o Shakespeare, glorificando algumas de suas passagens favoritas: o desabotoar o botão de Lear, o mentir de Falstaff, as manchas inapagáveis de Lady Macbeth, a exortação de Hamlet ao fantasma do pai, os "quarenta mil irmãos" não culpados no mundo etc.

"Abram", disse eu a esses admiradores, "onde queiram, ou ao acaso, Shakespeare e poderão ver que nunca encontrarão dez linhas seguidas compreensíveis e que não sejam artificiais, condizentes ao personagem que as produz e que possam provocar uma impressão artística." (Esse experimento pode ser feiro por qualquer um, aleatoriamente ou à escolha.) Os admiradores de Shakespeare abriam páginas de suas peças e, sem levar em consideração minhas observações quanto ao fato de as dez linhas escolhidas não satisfazerem as mais elementares exigências da estética e do senso comum, eles se encantavam exatamente por aquilo que para mim parecia absurdo, incompreensível e não artístico.

De modo que, em geral, quando eu tentava obter deles uma explicação da grandeza que propalavam, encontrava neles a mesma atitude que encontrei e que é habitualmente encontrada nos defensores de qualquer dogma que é aceito não pela razão, mas pela fé. É essa a atitude dos admiradores de Shakespeare em relação a seu objeto, atitude essa que pode ser vista também em todos os nebulosos ensaios e nas vagas conversas sobre Shakespeare — e isso me deu a chave para entender a causa da fama que ele alcançou. Há só uma explicação para ela: trata-se de uma dessas "sugestões" epidêmicas às quais os homens têm sido e são constantemente sujeitos. Essas "sugestões inculcadas" sempre existiram e continuarão existindo nos mais variados âmbitos da vida. Como exemplos esclarecedores dessas sugestões tão significativas por seu alcance e por seu significado podem servir as cruzadas da Idade Média, que afetaram não apenas os adultos, mas também as crianças, e as "sugestões" inculcadas individualmente, surpreendentes por sua falta de sentido, como a crença nas bruxas, a utilidade da tortura para descobrir a verdade, a busca do elixir da vida eterna, a pedra filosofal, a paixão por tulipas que fez com que se cobrassem muitos milhares de *guldens* por um bulbo, que se espalhou pela Holanda. Essas "sugestões" irracionais sempre existiram e ainda existem em todas as esferas da vida humana — religiosa, filosófica, política, econômica, científica, artística e — em geral — literária. E as pessoas só veem a insanidade dessas sugestões quando se libertam delas. Mas, enquanto estão sob essa influência, as sugestões lhes parecem tão certas, tão verdadeiras, que colocá-las em dúvida não é visto nem como necessário, nem como possível. Com o surgimento da imprensa, essas epidemias tornaram-se particularmente surpreendentes.

Com o desenvolvimento da imprensa, deu-se que, tão logo qualquer acontecimento ocorrido em circunstâncias casuais recebe, sobretudo, um significado proeminente, imediatamente os órgãos da imprensa divulgam esse significado e o público passa a prestar-lhe ainda mais atenção. A atenção do público leva a imprensa a considerar o evento em maiores detalhes. O interesse do público cresce ainda mais e os órgãos de imprensa concorrem entre si para corresponder às exigências do público. O público fica ainda mais interessado e a imprensa atribui ainda mais significação ao evento. Com isso, a importância do evento cresce continuamente, como uma bola de neve, recebendo uma apreciação completamente inapropriada a seu significado real e essa interpretação, às vezes exagerada até a loucura, é tida como válida enquanto a visão de mundo dos influenciadores da imprensa e do público permanecerem no cargo. Exemplos de interpretações erradas são inúmeros, interpretações essas devidas à influência recíproca do público e da imprensa, que se referem aos assuntos mais corriqueiros. Um exemplo impressionante dessa influência recíproca do público e da imprensa foi a excitação com o caso Dreyfus que, durante certo tempo, tomou conta do mundo inteiro.

Surgiu a suspeita de que certo capitão do estado-maior francês era culpado de traição. Não se sabe se, pelo fato de o oficial ser judeu ou por algum desentendimento particular no interior dos partidos, na sociedade francesa, mas o fato é que a imprensa deu uma importância especial a um evento que costumava acontecer continuamente sem atrair atenção alguma, inclusive dos militares franceses, que dirá do mundo inteiro. O público passou a se interessar e os órgãos da imprensa, competindo entre si, passaram a descrever, a examinar, a discutir o evento; o público foi ficando cada vez mais interessado; a imprensa continuou alimentado esse interesse e a bola de neve foi aumentando diante de nossos olhos até que não teve família que não discutisse sobre o *affaire*. A caricatura feita por Caran d'Ache, representando, no começo, uma família tranquila que resolveu não mais falar sobre Dreyfus, e — depois — a mesma família, pintada como fúrias exasperadas brigando entre si, expressou corretamente a atitude do público leitor sobre o caso Dreyfus. Pessoas de outras nacionalidades que não podiam por nenhum motivo se interessar por saber se o oficial francês era ou não um traidor, e tanto menos saber sobre o andamento do processo, dividiram-se pró ou contra o oficial e, ao se encontrar, imediatamente começavam a falar de Dreyfus e a brigar por causa dele; algumas afirmando sua culpa com segurança, outras negando-a com a mesma certeza. Somente depois de alguns anos o povo começou a acordar da "sugestão" e a entender que eles não tinham como saber se Dreyfus era ou não culpado e que cada um tinha mil assuntos muito mais próximos e interessantes a tratar do que o *affaire* Dreyfus.

Tais enfatuações existem em todos os âmbitos, mas são particularmente visíveis na esfera da literatura, uma vez que a imprensa se interessa mais fortemente com assuntos impressos, que são particularmente poderosos em nosso tempo em que a imprensa se desenvolveu de forma tão pouco natural. Ocorre continuamente que as pessoas comecem a exaltar algumas obras completamente destituídas de valor e depois — de repente —, caso essas obras não correspondam à visão de mundo consequente, passam a olhá-las com total indiferença, esquecendo-se de sua prévia atitude em relação a elas.

Assim, nas minhas recordações, nos anos 1840, no âmbito das louvações artísticas, lembro-me da glorificação de Eugène Sue e de George Sand, e na esfera social, de Fourier; no setor filosófico, de Comte e Hegel; e no domínio das ciências, de Darwin.

Sue está completamente esquecido, George Sand segue pelo mesmo caminho e está sendo substituída pelos escritos de Zola e dos decadentes Baudelaire, Verlaine, Maeterlinck e outros. Fourier, com seus falanstérios,[26] está, também, completamente esquecido, seu lugar está agora sendo ocupado por Marx. Hegel, que justificou a ordem existente; Comte, que negava a necessidade da

---

26 Comunidades de pessoas que partilham interesses e tarefas.

atividade religiosa na humanidade; e Darwin, com suas leis da luta pela sobrevivência, ainda se mantêm, mas estão começando a ser esquecidos e substituídos pelas teorias de Nietzsche, que — embora extravagantes, impensadas, pouco claras e tolas em seu conteúdo — respondem melhor à visão de mundo de agora. É assim que às vezes surgem, inesperadamente, e logo desaparecem e se esquecem, absurdos artísticos, filosóficos e — em geral — literários.

Mas acontece também que essas loucuras, tendo surgido devido a razões especiais que favoreciam incidentalmente sua implantação, correspondiam a tal ponto às visões de mundo da sociedade e — em especial — dos círculos literários, que acabavam sendo conservadas por longo tempo. Ainda na época de Roma foi notado que os livros têm seu estranho destino: fracasso, apesar de seus altos méritos, grande sucesso imerecido e de sua trivialidade. Daí surgiu o dito: *pro capite lectoris habent sua fata libelli*, ou seja, o destino dos livros depende da compreensão das pessoas que os leem. Houve correspondência entre os escritos de Shakespeare e a visão de mundo das pessoas às quais se deve sua fama. E essa fama tem sido e ainda é mantida pelo fato de os trabalhos de Shakespeare continuarem a corresponder a essa visão de mundo.

Até o fim do século XVIII Shakespeare não só não teve uma repercussão especial na Inglaterra, mas foi menos apreciado de que outros dramaturgos que eram seus contemporâneos: Ben Johnson, Fletcher,

Beaumont e outros. Sua fama originou-se na Alemanha e depois transferiu-se para a Inglaterra. Eis o porquê.

A arte, em particular a arte dramática, que exige para sua realização grandes preparações, investimentos e trabalho, tem sido sempre religiosa, ou seja, sempre teve o objetivo de estimular nas pessoas uma concepção mais clara da relação entre o indivíduo e Deus, o que — até então — havia sido conseguido pelos membros mais avançados dos círculos interessados na arte, e onde ela se manifestava.

É assim que devia ser por sua própria natureza e assim tem sido sempre, entre todos os povos: egípcios, indianos, chineses, gregos, desde aqueles tempos em que pudemos conhecer a vida das pessoas. E sempre aconteceu que, à medida que as formas da religião iam se tornando grosseiras, a arte — cada vez mais — foi se afastando de seu objeto original (de acordo com o qual ela podia ser considerada como realizando uma função importante, quase um ato de adoração) e, em lugar de servir a fins religiosos, passou a ter os fins mundanos da satisfação das exigências da multidão ou dos senhores do mundo, ou seja, fins de recreação e divertimento.

Esse desvio da arte de sua orientação elevada, verdadeira, deu-se em todo lugar, incluindo a cristandade.

As primeiras manifestações da arte cristã foram os serviços nas igrejas: a realização dos sacramentos e o habitual: a liturgia. Quando, com o passar do tempo, as formas da arte, tais como as empregadas nos atos de adoração religiosa, se tornaram insuficientes, apareceram os Mistérios que descreviam os eventos que eram considerados os mais importantes, na visão de mundo do cristianismo. Quando, nos séculos XIII e XIV, o centro de gravidade do ensino cristão foi sendo transferido, da adoração de Cristo como Deus para a interpretação e a obediência de seus ensinamentos, tornou-se insuficiente a forma dos Mistérios que descreviam eventos cristãos externos, e novas formas foram exigidas. Como expressão das aspirações que originaram essas mudanças, apareceram as Moralidades, que eram representações dramáticas nas quais os protagonistas eram personificações das virtudes cristãs e de seus opostos, os vícios.

Porém, as alegorias — devido ao fato de serem, por sua natureza, obras de arte de nível inferior — não podiam substituir os dramas religiosos anteriores; uma nova forma de arte dramática correspondente à nova concepção do cristianismo, segundo a qual ele era concebido como preceito de vida, ainda não havia sido encontrado. A partir daí, a arte dramática, não tendo já uma base religiosa em que se apoiar, passou — em todos os países cristãos — a desviar-se mais e mais de seu alto objetivo e, em vez de servir a Deus, passou a servir à multidão (entendo por multidão não apenas as massas de pessoas comuns, mas a maioria das pessoas, morais ou imorais, indiferentes às elevadas questões da vida humana).

Esse desvio foi, além disso, favorecido pelo fato que, nessa época, os pensadores gregos, poetas, dramaturgos, até então desconhecidos no mundo cristão, foram sendo descobertos e apreciados. De tudo isso resultou que, não tendo ainda tido tempo suficiente para elaborar claramente sua própria forma de arte dramática, correspondente à nova concepção de cristianismo como sendo preceito de vida para a humanidade, os escritores dos séculos XV e XVI, em sua busca de uma nova forma, começaram a imitar o modelo grego recém-descoberto, que os atraía por sua elegância e novidade.

Como os que poderiam se valer das representações dramáticas eram os poderosos do mundo: reis, príncipes, cortesãos — as menos religiosas das pessoas —, não apenas completamente indiferentes às questões religiosas, mas, em muitos casos, completamente depravadas, deu-se, então, que o teatro dos séculos XV, XVI e XVII abandonou inteiramente todos os seus fins religiosos e passou a satisfazer às demandas desse público. Acontece que o teatro dramático, que tivera até então um significado religioso e sublime e que poderia, apenas nessas condições, ocupar um lugar importante para a vida humana, se tornou, como no caso de Roma, um espetáculo de entretenimento, de lazer, apenas com esta diferença: em Roma os espetáculos existiam para a população inteira, enquanto no mundo cristão dos séculos XV, XVI e XVII eles eram reservados principalmente para reis depravados e para as classes mais altas. Esse foi o caso dos teatros espanhol, inglês, italiano e francês, dessa época.

O teatro desse tempo foi composto, principalmente nesses países, conforme os modelos gregos antigos, ou então retirado de poemas, lendas, biografias que refletiam, obviamente, as características de suas respectivas nacionalidades. Na Itália, as comédias foram elaboradas, em grande medida, com situações e pessoas humorísticas; na Espanha, onde florescia o drama mundano, havia enredos complicados e heróis históricos. As particularidades do teatro inglês eram os incidentes brutais de assassinatos, execuções e batalhas que eram apresentados no palco, e interlúdios humorísticos populares.

Nenhum dos teatros desses três países teve fama europeia: eles tiveram sucesso em sua própria terra. Já o teatro francês, devido à elegância de sua linguagem e ao talento de seus atores, teve repercussão além das fronteiras de seu país e se distinguiu por sua estrita aderência aos modelos gregos e à lei das três unidades [de ação, tempo e lugar].

Continuou sendo assim até o fim do século XVIII, quando aconteceu o seguinte.

Na Alemanha, que não havia produzido nenhum autor dramático relevante (havia Hans Sachs, escritor fraco e pouco conhecido), todas as pessoas educadas, a partir de Frederico, o Grande, inclinavam-se diante do teatro francês pseudoclássico. Porém, nessa mesma época, surgiu na Alemanha um grupo de escritores e poetas talentosos e educados que, percebendo a frieza e a artificialidade do teatro francês, tentaram encontrar uma nova forma dramática mais livre. Os membros desse grupo, como todas as classes altas do mundo cristão desse tempo, sofriam o fascínio e a influência dos clássicos gregos e — por serem completamente indiferentes às questões religiosas —, pensaram que, se o teatro grego, ao descrever as calamidades, os sofrimentos e a luta de seus heróis, representava o mais alto ideal dramático, então uma descrição dos sofrimentos e conflitos dos heróis seria um assunto viável também para o teatro do mundo cristão, uma vez que fossem rejeitadas as estritas exigências do pseudoclassicismo. Essas pessoas, porém, sem entender que para os gregos a luta e o sofrimento dos seus heróis tinham um significado religioso, acharam que o que elas precisavam fazer seria apenas recusar a lei restritiva das três unidades, sem introduzir na peça nenhum elemento religioso de seu tempo. Com isso, a peça teria seu escopo contemplado e uma base suficiente na representação dos vários momentos da vida dos personagens históricos e — em geral — das paixões humanas mais fortes. Exatamente esse tipo de teatro existiu nesse tempo entre os ingleses e seus parentes, e, familiarizando-se com isso, os alemães decidiram que exatamente esse haveria de ser o teatro do novo período.

Devido à mestria na consecução das cenas, que era o traço distintivo de Shakespeare, eles escolheram seu teatro entre todos os outros teatros ingleses, excluindo alguns dramaturgos que não lhe eram absolutamente inferiores, mas até mesmo superiores.

Na cabeça do grupo alemão estava Goethe que, naquela época, era o ditador da opinião pública quanto às questões estéticas. Foi ele quem, em parte devido ao desejo de destruir a fascinação que havia em relação à arte francesa artificial e, em parte, devido ao desejo de dar a seus próprios escritos dramáticos um escopo mais elevado, mas — principalmente — devido à coincidência de sua visão de mundo com a de Shakespeare, ele o proclamou um grande poeta. Uma vez que essa inverdade foi declarada pela autoridade de alguém como Goethe, todos esses críticos de estética, que nada entendiam de arte, atiraram-se feito corvos à carniça e começaram a querer descobrir belezas que não existiam em Shakespeare, e a glorificá-lo.

Esses homens, críticos de arte alemães, em sua maior parte completamente destituídos de senso estético e sem aquela simples e direta sensibilidade artística que — para as pessoas sensíveis à arte — sabe distinguir claramente as impressões estéticas das outras, mas, acreditando na autoridade que havia reconhecido em Shakespeare um grande poeta, passaram a prezar, indiscriminadamente, a produção shakespeariana como um todo, salientando aquelas passagens que os haviam impressionado por seus efeitos, ou que expressavam pensamentos e efeitos em sintonia com sua visão de mundo, e imaginando que esses efeitos e seus pensamentos constituíssem a essência daquilo que é chamado arte.

Essas pessoas agiram como os cegos que tentavam encontrar diamantes pelo toque, no meio de um monte de pedras que eles estavam manuseando. Como o cego, que ficará muito tempo mexendo nas pedras e, por fim, acabará concluindo que todas elas são preciosas, especialmente as mais lisas, assim esses críticos de arte sem senso artístico não poderiam deixar de chegar a um resultado semelhante em relação a Shakespeare.

Para conferir maior força à sua apreciação da totalidade de Shakespeare, eles inventaram teorias estéticas de acordo com as quais nenhuma determinada visão religiosa da vida era necessária para uma obra de arte em geral e — especialmente — para o teatro. E que, para o conteúdo interior da peça, era mais que suficiente a representação das paixões e do gênio das pessoas, e que não apenas não era necessária uma iluminação religiosa daquilo que era representado, mas a arte tinha de ser objetiva, ou seja, tinha de representar acontecimentos independentemente de qualquer juízo de bem ou de mal. Como essas teorias estavam na base da visão de mundo de Shakespeare, a decorrência natural foi que os trabalhos de Shakespeare satisfaziam essas teorias e, consequentemente, eram o ápice da perfeição.

São essas as pessoas mormente responsáveis pela fama de Shakespeare.

Foi principalmente devido ao que elas escreveram que houve a interação entre escritores e público, que se expressava e ainda se expressa por uma insana adoração por Shakespeare, sem um fundamento racional. Esses críticos de arte têm escrito profundos tratados sobre Shakespeare. (Onze milhares de tomos já foram escritos sobre ele e se constituiu uma inteira ciência de shakespearologia.) Enquanto isso, o público, por um lado, ia se interessando cada vez mais, e os críticos estudados, por outro, iam dando mais e mais explicações, ou seja, exaltavam e confundiam. Assim, a primeira causa da fama de Shakespeare foi o fato de os alemães desejarem opor ao frio teatro francês, do qual haviam se cansado e que — sem dúvida — era bastante tedioso, um modelo mais vivo e mais livre. A segunda causa foi que os jovens escritores alemães precisavam realmente de um novo modelo de teatro. A terceira causa, e a mais importante, foi a atuação dos críticos e estudiosos alemães privados de senso estético que inventaram a teoria da arte objetiva, ou seja, rejeitaram deliberadamente a essência religiosa das peças.

Mas me perguntarão: "O que você entende por 'essência religiosa das peças'? Será que o que está exigindo para uma peça dramática, instrução religiosa ou didática, não seria algo chamado 'tendenciosidade', ou seja, algo incompatível com a 'essência religiosa da arte'?" Eu entendo por isso não a inculcação externa de qualquer verdade religiosa, sob forma de arte, e não uma representação alegórica dessas verdades, mas a exibição de uma visão de mundo definida, correspondente à mais elevada compreensão religiosa de uma dada época, que, servindo de motivação estimulante para a composição da obra, sem o autor ter consciência disso, perpassa toda a sua produção. Isso foi sempre assim para o verdadeiro artista e para o dramaturgo, em particular. É por isso — como foi quando o teatro era uma coisa séria e como isso deveria ser, de acordo com a essência da questão — que somente pode escrever um drama aquele que tem algo para dizer às pessoas, e não há nada mais importante para dizer às pessoas do que a relação do ser humano com Deus, com o universo, com tudo o que é eterno, infinito.

Mas quando, graças às teorias alemãs sobre a arte objetiva, firmou-se a ideia de que isso não era necessário para uma peça de teatro, então fica claro por que um autor como Shakespeare, que não tinha formado em sua mente nenhuma convicção religiosa correspondente a seu tempo — que, de fato, não tinha convicção alguma, mas que amontoava em seus dramas todos os possíveis acontecimentos, horrores, loucuras, discussões e efeitos —, podia parecer um escritor dramático da mais alta qualidade. Mas essas são razões externas. A causa interna fundamental da fama de Shakespeare foi e é esta: seus dramas foram *"pro capite lectoris"*, ou seja, eles correspondem à formação mental irreligiosa e imoral das pessoas das classes superiores de nosso mundo.

VIII

No começo do século passado, quando Goethe ditava o pensamento filosófico e as leis estéticas, uma série de circunstâncias casuais levou-o a exaltar Shakespeare. Os críticos de arte se apoderaram de sua apreciação, escreveram seus longos e nebulosos artigos quase-eruditos e o grande público europeu começou a se encantar com Shakespeare. Os críticos, respondendo ao interesse popular e tentando competir uns com os outros, foram escrevendo novos ensaios sobre Shakespeare; os leitores e os espectadores, por sua vez, iam cada vez mais sendo confirmados em sua admiração, e a fama de Shakespeare, feito bola de neve, cresceu e cresceu até chegar, em nosso tempo, a atingir a adoração tresloucada que, obviamente, não tem outro fundamento a não ser a "sugestão".

"Shakespeare não encontra rival, nem mesmo de longe, tanto entre os velhos quanto entre os novos escritores." Aqui estão alguns dos tributos que lhes foram pagos.

"A verdade poética é a flor mais brilhante na coroa dos méritos de Shakespeare"; "Shakespeare é o maior moralista de todos os tempos"; "Shakespeare exibe tantas diversidades e tanta objetividade que o elevam além dos limites do tempo e da nacionalidade"; "Shakespeare é o maior gênio que já existiu"; "Para a criação de tragédias, comédias, história, idílio, comédia idílica, idílico histórico, para a apresentação mais profunda, como para qualquer poema, por mais fugaz que seja, ele é único. Não apenas ele tem um poder ilimitado sobre nosso riso e nossas lágrimas, sobre todos os procedimentos da paixão, mas ele possui também uma imensa região cheia de fantasia de invenção, de caráter horripilante e divertido. Ele tem penetração no mundo ficcional e no mundo da realidade e sobre isso reina a mesma verdade quanto ao caráter e quanto à natureza, e o mesmo espírito de humanidade."

"Para Shakespeare, o qualificativo de 'grande' chega por si só; e se acrescentarmos que, independentemente de sua grandeza, ele ainda se tornou reformador de toda a literatura e, acima de tudo, expressou em suas obras não apenas os fenômenos contemporâneos à sua vida, mas ainda, pelo espírito do pensamento que pairava no ar, ele previu a orientação que o espírito da sociedade percorreria no futuro (do qual podemos ver um exemplo impressionante em *Hamlet*), pode-se, então, sem hesitar, dizer que Shakespeare não foi apenas um grande poeta, mas o maior de todos os poetas que já existiram e que, no âmbito da criação poética, seu único rival válido foi aquela mesma vida que ele expressou em seus trabalhos, com tanta perfeição."

O óbvio exagero dessa apreciação prova mais convincentemente que qualquer outra coisa que ela é consequência não do senso comum, mas de uma "inculcação". Quanto mais baixo, e mais vazio um fenômeno possa ser, se ele se tornou objeto de "sugestão", tanto maior, sobrenatural e exagerada é a significância que lhe é atribuída. O papa não é apenas santo, mas também o mais santo, e assim por diante. Assim Shakespeare não é apenas um bom escritor, mas o maior escritor, o mestre eterno da humanidade. A sugestão inculcada sempre é falsa, e cada mentira é um mal de fato, a "sugestão" de que os trabalhos de Shakespeare são grandes obras de gênio que representam o ápice da perfeição, tanto estética quanto ética, causou e causa um grande mal aos homens.

Esse mal manifesta-se em dois aspectos: no primeiro, a decadência do drama e a substituição desse importante instrumento de progresso por um entretenimento vazio e imoral; e, no segundo, a depravação direta dos homens, apresentando-lhes falsos modelos para imitar.

A vida humana só é perfectível pelo aclaramento da consciência religiosa (o único princípio que consegue unir os homens permanentemente). O aclaramento dessa consciência religiosa dos homens é obtido por todos os aspectos da atividade espiritual do indivíduo. Um desses aspectos é a arte. Um dos setores da arte, talvez o mais influente, é o teatro.

Logo, o teatro, para merecer o significado que lhe é atribuído, deve *servir* para aclarar o que se entende por consciência religiosa. O drama sempre teve esse papel e isso ocorreu também no mundo cristão. Mas, diante a ascensão do protestantismo, em seu sentido mais amplo, ou seja, o surgimento de uma nova compreensão do cristianismo como ensinamento para a vida, a arte dramática não encontrou uma forma que correspondesse a essa nova compreensão da cristandade e os homens da Renascença foram desviados para a imitação da arte clássica. Isso era natural, mas essa tendência era fadada a passar e a arte tinha de descobrir, tal como hoje está começando a fazer, sua nova forma, correspondente à mudança na compreensão do cristianismo.

Mas a descoberta dessa nova forma foi interrompida pelos ensinamentos que estavam se espalhando entre os escritores alemães, no fim do século XVIII e começo do século XIX, da assim chamada "arte objetiva", ou seja, arte indiferente ao bem e ao mal — daí o apreço exagerado pelos dramas de Shakespeare, que — em parte — correspondiam ao ensinamento estético dos alemães e que — novamente, em parte — serviam de material para ele.

Se não tivesse havido esse apreço exagerado pelos dramas de Shakespeare, apresentando-os como os modelos mais perfeitos do gênero, os homens dos séculos XVIII e XIX deveriam ter entendido que o drama, para ter direito de existir e de ser considerado algo sério, deveria contribuir, como sempre ocorreu, e não pode ser diferente agora, ao aclaramento da consciência religiosa. E, tendo compreendido isso, eles teriam procurado outra forma de drama, correspondente à sua compreensão religiosa.

Contudo, quando foi decidido que o ápice da perfeição era o drama de Shakespeare e que se devia escrever como ele, não apenas sem significado religioso, mas, nem mesmo moral, então todos os que compunham essas peças, em imitação a ele, passaram a compor peças tão vazias como são as peças de Goethe, Schiller, Hugo e — na Rússia — de Púchkin, ou as crônicas de Ostróvski, Alekséi Tolstói e um número sem fim de outras mais ou menos celebradas produções dramáticas que enchem todos os teatros e que podem ser elaboradas por qualquer um que tenha uma ideia ou deseje escrever um drama.

É apenas graças a essa estreita e trivial compreensão do significado do drama que surgiu, entre nós, uma imensa quantidade de trabalhos dramáticos que descreviam as ações humanas, suas situações, seus pontos de vista e suas formas mentais, não apenas vazias de qualquer substância espiritual, mas, frequentemente, de sentido humano.[27]

---

27 Nota do autor: "Não pense, leitor, que eu estou excluindo da apreciação do drama contemporâneo as peças de teatro que eu tive, ocasionalmente, ocasião de escrever. Reconheço que elas, como todas as outras, não têm aquele conteúdo religioso que

De modo que o drama, o ramo mais importante da arte, tornou-se, em nosso tempo, o entretenimento trivial e sem moral de uma multidão trivial e sem moral. O pior de tudo é que, para a arte dramática, que chegou ao fundo do poço tanto quanto é possível, ainda é dada uma importância elevada. Dramaturgos, atores, diretores de teatro e imprensa — essa última publicando nos tons mais sérios resenhas de espetáculos e óperas etc. —, todos estão perfeitamente certos de estar fazendo algo válido e muito importante. O drama, em nosso tempo, é um grande homem falido, que atingiu o último degrau de sua degradação e, ainda assim, continua a vangloriar-se de seu passado do qual já nada resta. O público de nosso tempo é como aqueles que se divertem, sem piedade, no último degrau de sua queda.

Essa é uma das más influências da inculcação epidêmica da grandeza de Shakespeare. Outra influência negativa dessa adoração é a apresentação às pessoas

---

deve constituir a base do drama do futuro." (N. T.) Segue a relação de peças de teatro de Tolstói: *Uma família nobre ou um homem prático* (mencionada no diário em 1856, mas Tolstói não chegou a definir o título); *Bênção do titio* (1856); *Amor livre* (1856); *A comédia de vida de Ólenka* (1856); *Uma família contaminada* (1864); *Niilista* (1866); *Ageu* (1886); *O primeiro alambiqueiro ou Como Capetinha mereceu uma crostinha* (1889); *Piotr, o padeiro* (1894); *Dela, todas as qualidade* (1910); *O poder das trevas* (1886); *Os frutos da instrução* (1886-1889); *E a luz resplandece nas trevas* (1890-1900); *O cadáver vivo* (1894-1900).

de um falso modelo para imitar. Caso fosse escrito que Shakespeare era um bom escritor para seu tempo, que ele tinha um bom domínio do verso, que ele era um ator inteligente e um bom diretor de teatro, mesmo que essas asserções, um pouco exageradas, fossem moderadamente verdadeiras, as pessoas da geração seguinte poderiam ter ficado livres da influência de Shakespeare. Mas quando, a cada jovem que começa a viver sua vida em nosso tempo, se apresenta — como modelo de perfeição moral — não os mestres religiosos e morais da humanidade, mas, antes de todos, Shakespeare, a respeito do qual foi decidido e foi passado pelos estudiosos de geração para geração, como incontestável verdade, que ele foi o maior poeta e o maior mestre de vida, o jovem em questão não poderia ficar livre dessa perniciosa influência.

Ao ler ou ouvir Shakespeare, a pergunta feita por esse jovem não é mais se Shakespeare é bom ou ruim: a apreciação já foi feita. Mas ele pergunta somente: no que consiste essa beleza extraordinária, tanto estética como ética, que – conforme lhe asseguram os estudiosos que ele respeita — ele não consegue ver ou sentir? Ele se constrange e, distorcendo seu senso estético e moral, tende a se conformar à opinião corrente. Já não acredita em si mesmo, mas no que é dito pelas pessoas eruditas que ele respeita. (Eu mesmo passei por tudo isso.) Depois, lendo resenhas críticas dos dramas e resumos deles com comentários explicativos, começa a achar que ele está sentindo algo parecido com a impressão artística. Quanto mais ele insiste, tanto mais esses sensos estético e ético se tornam distorcidos. Ele cessa de distinguir claramente o que é artístico e o que é uma imitação artificial do artístico.

Mas, acima de tudo, por haver assimilado aquela visão imoral da vida que perpassa todos os escritos de Shakespeare, ele perde a capacidade de distinguir o bem do mal. E o erro de exaltar um escritor não artístico, insignificante, não apenas não moral, mas decididamente sem moral, realiza seu trabalho destrutivo.

Esse é o motivo pelo qual penso que, quanto mais cedo as pessoas se libertarem dessa falsa glorificação de Shakespeare, tanto melhor será. Em primeiro lugar, tendo-se libertado desse engano, as pessoas chegarão a entender que o drama que não tem elementos religiosos como fundamento não é algo bom e importante, tal como se supõe agora, mas é a mais trivial e desprezível das coisas. Tendo entendido isso, elas terão de procurar e elaborar uma nova forma de drama contemporâneo, drama esse que servirá de aclaramento e de confirmação do mais alto estágio da consciência religiosa que há no homem.

Em segundo lugar, havendo-se libertado desse estado hipnótico, as pessoas compreenderão que os trabalhos banais e sem moral de Shakespeare e de seus imitadores, visando tão somente ao entretenimento e ao divertimento, não poderão possivelmente representar nenhuma lição de vida, e que, enquanto não houver nenhum drama verdadeiramente religioso, as lições de vida deverão ser buscadas em outras fontes.

A ATITUDE DE SHAKESPEARE PARA COM AS CLASSES TRABALHADORAS[28]
ERNEST CROSBY[29]

"Shakespeare era um dos nossos," gritava Browning em seu *Lost leader* [*O líder perdido*], ao lamentar a defecção de Wordsworth das fileiras do progresso e do liberalismo. "Milton estava a nosso favor, Burns e Shelley estavam conosco — eles estão vendo, de seus túmulos!" Não pode haver dúvida quanto à fidelidade para com a democracia de Milton, o panfletário republicano, nem de Burns, o orgulhoso lavrador que proclamou o fato de *"o homem ser um homem por tudo isso"*[30], nem tam-

---

28 Ensaio publicado por Funk & Wagnalls Company. New York & London: 1906.
29 Ernest Howard Crosby (1856-1907), escritor e reformista americano, visitou Tolstói na Rússia e se tornou divulgador de suas teorias.
30 *"A man's a man for a'that"*, também conhecida como *"Is there for honest poverty"*, é uma canção de 1795 de Robert Burns, escrita

pouco de Shelley, o aristocrata desperto que, tal como Burns, cantou:

"Men of England, wherefore plow for the lords who lay ye low?"[31]

Mas Shakespeare? — Shakespeare? — onde encontrar uma linha que justifique seu pertencimento a essa confraria? Há em suas peças algo que contradiga minimamente tudo o que é reacionário?

Uma olhada à lista de seus protagonistas é suficiente para mostrar que ele era incapaz de conceber qualquer situação que ascendesse à dignidade da tragédia fora dos círculos ducais ou reais. Como explicação dessa sua parcialidade para com os altos escalões pode ser dito que ele estava apenas seguindo o costume dos dramaturgos de sua época, mas esse é um argumento muito pobre para um homem genial cuja tarefa é precisamente liderar e não seguir. Ao mesmo tempo, essa explicação não é precisa. Em sua peça, *Pinner of Wakefield*, publicada primeiramente em 1599, Robert Greene transforma em herói, e bastante consistentemente, um simples oficial

---

em inglês e em escocês e famosa por expressar ideias igualitárias da sociedade.

31 A canção revolucionária *"To the men of the England"* foi escrita por Shelley em 1819 para que o proletariado tivesse consciência de sua força potencial. ("Homens da Inglaterra, por que lavrar para os senhores que os oprimem?")

pastor[32] que recusou orgulhosamente o título de cavaleiro das mãos do próprio rei. Nos dias de Shakespeare e mesmo antes havia outras peças em voga que tratavam do triunfo de homens do povo. Havia uma delas, por exemplo, que comemorava a ascensão de Sir Thomas Gresham, o filho de um mercador, e outra, com o título de *A história de Richard Whittington, de baixa extração mas de grande fortuna*. No entanto, Shakespeare evitou com cuidado matérias como essas ao elaborar os enredos de seus dramas. É verdade que o Cardeal Wolsey, filho de um açougueiro, é o herói de *Henrique VIII*, mas sua origem humilde só é mencionada incidentalmente como algo que poderia envergonhá-lo. Qual melhor oportunidade para a idealização de pessoas do povo jamais se apresentou a um dramaturgo do que a que teve Shakespeare quando empreendeu a criação de uma personagem como Joana d'Arc, na segunda parte de *Henrique VI*? Ele sabia como criar mulheres nobres — essa é uma de suas glórias mais notáveis —, mas ele não apenas se recusou a ver algo de nobre na camponesa que levou a França à vitória, mas, deliberadamente, insultou sua memória com as calúnias mais grosseiras e cruéis. Não há dúvida de que o lapso de mais de um século e meio de tempo poderia haver permitido a um

---

32 No original *pound-keeper*. Funcionário governamental local (século XVII), encarregado de alimentar e curar criações domésticas (fora gatos e cães). *Pinner, pinder*, ou *pindar,* aludem a quem cuidava de animais abandonados.

homem honrado, e tanto mais a um gênio, fazer justiça a um inimigo, representante do sexo frágil e, se Joana tivesse sido um membro da família real francesa, podemos ter certeza de que ela teria recebido um tratamento melhor.

A questão da inclinação aristocrática das peças — em particular, das tragédias — era muito conspícua na época de Shakespeare. O sentimento democrático era considerável entre os cidadãos de classe média que habitavam a cidade de Londres e eles sentiam-se incomodados com esse tipo de tendências aristocráticas por parte de seus dramaturgos e pelo hábito que eles tinham de ridicularizar os simples cidadãos em suas peças, quando se dignavam a levá-los ao palco. O prólogo à peça de Beaumont e Fletcher *O cavaleiro do almofariz em chamas* é uma evidência clara disso. Os autores usaram o expediente de fazer com que um Cidadão pulasse ao palco e interrompesse o Locutor do Prólogo gritando:

"Fique em paz, gente boa!

Locutor do Prólogo: "O que significa isso, senhor?"

Cidadão: "Que não há um significado bom; por sete anos tem havido peças nessa casa. Eu reparei que há ainda zombarias de cidadãos."[33]

---

[33] No texto original de Francis Beaumont "The Knight of the Burning Pestle". In: *The works of Beaumont and Fletcher*, v. 2, London: Edward Moxon, Dover Street Press, p. 74.

O Cidadão continua informando ao Locutor do Prólogo que ele é um vendeiro, e pede-lhe que "apresente alguma coisa que preste em favor dos homens comuns da cidade". Para o papel de herói ele escolherá "um merceeiro que fará coisas admiráveis". Isso, porém, resultou ser uma brincadeira sobre um assunto demasiadamente sério porque, na primeira representação da peça, em 1611, ela foi vaiada tanto pelos cidadãos como pelos aprendizes, que não apreciaram que zombassem deles, e a peça não foi reapresentada por muitos anos, depois disso. Não cabe, portanto, dizer que a ideia de celebrar a classe média e baixa jamais tivesse ocorrido a Shakespeare, uma vez que era objeto de discussão entre seus contemporâneos.

É rara a possibilidade de construir uma peça que só tenha como personagens reis e seu séquito e, ao mesmo tempo, conseguir conservar as verossimilhanças com a vida corrente. Shakespeare viu-se obrigado a se valer de servos, cidadãos e de gente do povo. Mas como é que ele os retratou? Só há uma peça em que toda a cena foi cedida a eles, e diz-se que *As alegres comadres de Windsor* só foi escrita a pedido da Rainha Elizabeth que queria ver Sir John Falstaff apaixonado. Trata-se, do começo ao fim, de uma prolongada "zombaria dos cidadãos" e fica difícil duvidar que eles não se sentissem ofendidos pelos profissionais do teatro. Nas outras peças de Shakespeare, as classes mais humildes comparecem, em geral, só ocasional e incidentalmente. A opinião dele em relação a elas é indicada de certa forma pitoresca pelos nomes que ele escolhe para dar a seus personagens. Há, por exemplo, Bottom (Fundilhos, Traseiro), o tecelão; Flute (Flauta), o fabricante de foles; Snout e Sly (Focinho e Preguiçoso), funileiros; Quince (Marmelo), o carpinteiro; Snug (Aconchegado), o marceneiro; Starveling (Esfomeado), o alfaiate; Smooth (Suave), o vendedor de sedas; Shallow e Silence (Raso e Silêncio), os juízes da região; Elbow e Hull (Cotovelo e Casco), os policiais; Dogberry e Verges, Fang e Snare, (Bagas e Vergas, Presa e Cilada), xerifes [oficiais executivos da Coroa]; Mouldy, Shadow, Wart e Bull-calf (Mofo, Sombra, Verruga e Bezerro), recrutas; Fee-bee (Abelha gorda), ao mesmo tempo, recruta e alfaiate feminino; Pilch e Patch-Breech (Cueiro e Remendo), pescadores (embora também possam ser alcunhas); Potpan, Peter Thump, Simple, Gobbo e Susan Grindstone (Panela, Pedro Pancada, Simplório, Corcunda e Susan Mó), servos; Speed (Pressa), um servo bufão; Slender, Pistol, Nym, Sneak, Doll, Tear-sheet, Jane Smile, Costard, Oatcake, Seacoal, (Magro, Pistola, Alcunha, Sorrateiro, Boneca, Lenço de Lágrimas, Jane Sorriso, Traje, Bolo de Aveia, Carvão Marinho), e vários "palhaços" e "bobos" anônimos. Raramente Shakespeare dá nomes dessa natureza a alguém fora da ralé, embora possam ser citadas algumas exceções como Sir Toby Belch (Arroto) e Sir Andrew Ague-Cheek (Bochecha-Avermelhada), em *A décima segunda noite;* o vigário, Sir Oliver-Mar-Text (Estraga-Texto), em *Do jeito que você gosta;* Moth (Mariposa), o pajem, em *Trabalhos de amores perdidos* (ou *À procura de um amor);* Froth (Espuma) é "um cavalheiro bobo" em *Medida por medida*, mas nenhum desses personagens merece realmente ser chamado de aristocrata. Esse sistema de apelidos, tal como foi exposto, é suficiente por si só para colar o estigma do absurdo em todos os personagens a ele sujeitos, tal como em suas ocupações ou trabalhos. A maioria das operações de compra e venda são tidas por ridículas em *Sonhos de uma noite de verão*; Holofernes, o mestre-escola, é ridicularizado em *À procura de um amor*, e nos é dito dos burgueses Alcunha, Pistola e Bardolfo [ou Bardulfo] que "três desses excêntricos não fazem um homem" (Em *Henrique V*, Ato 3, Cena 2). Mas não é necessário repetir as muitas cenas familiares em que essas figuras de nomes tão fantásticos suscitam o riso por si sós.

A linguagem usada pela nobreza e pela realeza para se dirigir a todos os figurantes de extração inferior nas peças de Shakespeare quem sabe possa ser tomada como uma indicação dos costumes da época, mais do que como expressão dos próprios sentimentos dele, mas — mesmo assim — deve ter sido meio irritante para os mais pobres de seus espectadores ouvir alguns dos epítetos de que abundam as peças. Aqui vão alguns poucos deles: "cão filho da puta", "camponês filho da puta", "escravo", "seu vira-lata", "vampiro", "malandro", "condenado", "patife notório" etc. O duque de York refere-se a Thomas Horner, um armeiro, como "miserável monturo vilão e artesão" (*Henrique VI*, Parte 2, Ato 2, Cena 3); Gloster fala dos guardiões da torre como "criados de merda" (*Henrique VI*, Parte 1, Ato 1, Cena 3);

e Hamlet trata o coveiro de "asno" e de "rude servo". Valentine diz a seu servo Pressa que ele nasceu para ser enforcado (*Os dois cavalheiros de Verona*, Ato, Cena 1), e Gonzalo agracia com um elogio semelhante o contramestre que está fazendo o impossível para salvar a embarcação em *A tempestade* (Ato 1, Cena 1). Esse mesmo contramestre não se sente suficientemente impressionado com a grandeza de sua nobre carga e, por suas penas, é chamado de "brigão, blasfemo", "cachorro impiedoso", "vira-lata", "insolente e barulhento filho da puta" e "patife rachado ao meio". A rainha de *Ricardo III* diz ao jardineiro que não tem outra culpa a não ser a de haver dado uma versão correta do testemunho de seu senhor e que demonstra ser uma pessoa de bom coração: "Seu torrãozinho de terra!", "seu desgraçado"! Henrique VIII fala de um "pajem piolhento", e o duque de Suffolk, prestes a ser morto em Dover por seu capturador, um pirata, chama-o de "seu zagal baixo e desconhecido", "seu noivo impotente" e "escravo imoral". Ao mesmo tempo, dirige-se aos tripulantes do navio pirata como "burros de carga reles e servis" e declara preferir que a própria cabeça:

"dance sobre um poste ensanguentado,

Em vez de ficar eu descoberto diante de um vulgar lacaio" (*Henrique VI*, Parte 2, Ato 4, Cena 1).[34]

---

34 Shakespeare. *Obra completa*, v. III, p. 480.

Petruchio "torce a orelha de Grumio" e Katherine bate no mesmo servo infeliz. O patrão dele delicia-se ao chamá-lo com termos como "valete aloprado", "pretendente camponês" e "filho de uma puta de um burro de carga retardado". Ainda grita a seus criados: "tirem-me as botas, seus velhacos, seus caipiras!", e bate neles. E é assim que ele obsequia seu alfaiate:

Ó monstruosa arrogância! Mentes, linha, dedal, jarda, três quartos, metade, quarto de jarda, unha, pulga, lêndea, grilo de inverno
Deixar-me-ei intimidar na minha própria casa por uma meada de linha!
Para trás, farrapo, retalho, sobra [...]! (*A megera domada*, Ato 4, Cena 3). [35]

Joana d'Arc fala de seu "estado miserável" enquanto filha de um pastor e, em seguida, renegando seu pai, chama-o de "miserável decrépito! Baixo e ignóbil desgraçado!" (*Henrique VI*, Parte 1, Ato 1, Cena 2 e Ato 5, Cena 4). É difícil acreditar que Shakespeare teria tantas vezes permitido que seus personagens expressassem seu desprezo para com os membros das classes mais baixas da sociedade se ele não tivesse tido alguma simpatia por suas opiniões.

Shakespeare costuma se valer das pessoas comuns que leva ao palco simplesmente para que elas suscitem

---

35 Shakespeare. *Obra completa*, v. II, p. 614.

o riso. Como exemplo, vejam-se os carregadores vítimas das pulgas no quintal da pousada, em Rochester, na peça *Henrique IV*, Parte 1, Ato 2, Cena 1; mas há ocasiões em que essas pessoas são também marotas, não apenas tolas. Elas nos divertem quando se enrolam sem ter como se desvencilhar de suas próprias falas (vide *Romeu e Julieta*, Ato 1, Cena 2), ou quando a ama de Julieta faz estupidamente com que ela acredite que Romeu foi morto no lugar de Teobaldo; mas quando essa mesma senhora, depois de pegar o dinheiro de Romeu, defende a causa do conde de Paris — ou quando, na véspera de Agincourt, somos apresentados a um grupo de soldados ingleses covardes — ou quando Coriolano acena à poltronaria das tropas romanas e diz que tudo se teria perdido não fossem "nossos cavalheiros", somos levados a detestá-los.

A ama de Julieta não é a única criada desleal. O servo de Shylock, Lancelote, o Corcunda, ajuda Jéssica a enganar o pai dela, e Margaret, a dama de companhia da protagonista principal provoca, pela fraude, a desgraça de sua ama. A criada de quarto de Olívia em *A décima segunda noite* até que é honesta, mas não tem papas na língua. Nesse aspecto, a Senhora Quickly de *Henrique IV* pode facilmente rivalizar com ela. Peter Thump (Pedro Pancada), quando se vê forçado a um julgamento por combate com seu patrão, exibe sua covardia, embora ganhe, no fim (*Henrique IV*, Ato 2, Parte 2, Cena 3). Stefano, um cocheiro bêbado, enfeita a cena em *A tempestade*. Não podemos culpar Shakespeare pelas gargantas cortadas e pelos vilões que surgem no desenvolvimento de suas tramas, mas poderíamos ter sido poupados das brincadeiras que os carcereiros de Posthumus perpetram quando o estão levando ao cadafalso, e do risível inglês falado pelo bufão que supre Cleópatra com uma serpente. O apotecário que está num apuro tão terrível que o leva a vender o veneno a Romeu, apesar da lei draconiana vigente, fornece-nos outra imagem pouco lisonjeira de um comerciante; e quando Falstaff declara: "Se eu fosse um tecelão, eu o faria; eu poderia cantar salmos ou algo parecido", podemos ver uma reflexão prematura sobre o que era a consciência puritana e a religião da classe média. Em *Do jeito que você gosta*, Shakespeare quase compõe um bosquejo pastoral de pastores e pastoras dentro do esquema convencional. Se não chegou a fazê-lo por completo, isso se deve tanto à falta de respeito para com os guardadores de ovelhas, quanto às discrepâncias para com as realidades da poética pastoral. Rosalinda não tem escrúpulos em chamar de "má" a linda Phebe, e diz, quanto às suas mãos:

"Vi a mão dela; era verdadeiro couro,
Mão da cor do barro; não pude deixar de pensar
Que estava usando luvas velhas, porém, estava com as mãos nuas;
Parecem mãos de uma dona de casa."[36]

Alguém que tivesse certo respeito pela função de dona de casa não teria escrito isso. Quando, na mesma

---

36 Shakespeare. *Obra Completa*, v. II, p. 549-550.

peça, Jaques vê se aproximar o casal de namorados camponeses, Touchstone e Audrey, ele exclama: "Deve haver com certeza outra enchente, pois esses casais vêm vindo para a arca! Lá vem um casal de estranhos animais que — em todas as línguas são chamados de tolos" (Ato 5, Cena 4). O palhaço Touchstone fala em beijar o úbere da vaca que sua então namorada havia ordenhado e depois se casa com Audrey numa tempestade de bufonaria. No entanto, Touchstone permanece como um dos poucos personagens rústicos de Shakespeare que suscitam nossa afeição e, ao mesmo tempo, ele é esperto o suficiente para merecer o título de "sujeito raro" que Jaques lhe confere.

Ocasionalmente Shakespeare ridiculariza pessoas que estão algo acima das classes inferiores. Já mencionei figuras a quem ele dá certos nomes cômicos. Ele também zomba dos dois capitães escoceses, Jamy e Macmorris, e do honesto capitão de Gales, Fluellen (*Henrique V*, Ato 3, Cena 2 *et passim*). E por acaso pode ser esquecido o inimitável Falstaff? Mesmo admitindo-se esse tipo de diversões com as camadas mais nobres (com as menos nobres explicam-se pelo preconceito nacional), será que chegam a constituir sérias exceções à regra, e será que Falstaff pode ser tomado, por exemplo, como um representante da aristocracia real? Da maneira como a rainha e sua corte interpretavam suas excentricidades no palco, podemos ter certeza de que nunca lhes passou pela cabeça que as "zombarias" eram dirigidas a elas mesmas ou à sua categoria.

O aparecimento, no palco shakespeariano, de um homem de extração humilde que seja apresentado como virtuoso sem ser ridículo é um acontecimento tão raro que vale a pena enumerar os exemplos. Aqui e acolá um servo ou outro obscuro personagem é usado como um mero manequim do qual nada de bom ou de mau pode ser esperado; porém, usualmente, eles são apresentados como mais ou menos absurdos. Somente com grandes intervalos veem-se pessoas dessa categoria serem, ao mesmo tempo, sérias e direitas. Tal como é de se esperar, a maior parte das vezes é ao criado, mais do que a qualquer outro membro das classes inferiores, que Shakespeare atribui boas qualidades, pois o criado é uma espécie de aposto do cavalheiro e brilha com o reflexo de suas virtudes. A mais nobre qualidade que Shakespeare pode conceber num criado é a lealdade. Em *Ricardo III* (Ato 5, Cena 3), ele dá-nos um bom exemplo disso, no personagem de um cavalariço que permanece fiel ao rei mesmo quando este é aprisionado. Em *Cimbelino*, a lealdade impera *ad nauseam*. O rei ordena que Pisânio, um servo fiel, seja torturado sem motivo justificável e a resposta dele é:

"Senhor, minha vida vos pertence.

E à vossa vontade eu a entrego humildemente." (Ato 4, Cena 3)[37]

---

37 Shakespeare. *Obra completa*, v. II, p. 828.

Em *Rei Lear*, um servo bondoso protesta contra a crueldade de Regan e Cornwall para com Gloucester e acaba sendo morto por sua coragem. "Deem-me minha espada", grita Regan. "Um camponês está se insurgindo!" (Ato 3, Cena 7). Outros servos também mostram simpatia pelo infortunado conde. Todos nós lembramos o bobo da corte que foi, quase só ele, fiel a Lear, mas claro, ele era um tolo. Em *Timão de Atenas* temos uma série insólita de bons servos, mas não se tem certeza de que tenha sido Shakespeare quem escreveu a peça e esses personagens tornam sua autoria ainda mais discutível. Flamínio, o servo de Timão, rejeita uma propina com desdém (Ato 3, Cena 1). Outro de seus servos manifesta desprezo pelos falsos amigos de seu patrão (Ato 3, Cena 3) e, quando Timão acaba perdendo sua fortuna e seus amigos o abandonam, seus servos o apoiam: "Mesmo assim, nossos corações vestem a sua libré" (Ato 4, Cena 2). Adão, o bom servo de *Do jeito que você gosta*, que acompanha no exílio seu jovem amo, Orlando, tal como o bufão acompanha Lear, é outro exemplo notável de leal servidor.

"A caminho, meu senhor, que vos acompanharei
Até meu último alento, com fidelidade e lealdade."
(Ato 2, cena 3)[38]

---

38 Shakespeare. *Obra completa*, v. II, p. 519.

Shakespeare, contudo, cuida de ressaltar que essa fidelidade por parte dos servos é algo incomum e um resquício dos bons velhos tempos.

"Oh! bondoso ancião! Como é visível em ti
O fiel servidor dos tempos antigos
Quando os criados derramavam o suor de suas frontes, pelo dever e não pelo lucro!
Tu não foste feito para os hábitos de nosso tempo,
Em que só se sua com o pensamento na elevação."[39]

Fora das fileiras dos empregados domésticos encontramos poucos casos de pobreza honrada, em Shakespeare. Na peça citada anteriormente, Corin, o velho pastor, diz:

"Senhor, sou um honrado trabalhador; ganho o que como, tenho o que suo; não odeio ninguém, nem invejo a felicidade do próximo; alegro-me com a felicidade alheia, contento-me com minha miséria e meu maior orgulho é ver pascendo minhas ovelhas e mamando meus cordeiros." (*Do jeito que você gosta*, Ato 3, Cena 2)[40]

Em suma, é um ideal proletário do ponto de vista do aristocrata.

Conto de inverno pode se gabar de outro bom pastor (Ato 3, Cena 3), mas não falta um quê de burlesco. *Macbeth* apresenta diversas pessoas humildes dignas. No

---

39 Shakespeare. *Obra completa*, v. II, p. 519.
40 Shakespeare. *Obra completa*, v. II, p. 529-530.

segundo ato (Cena 2) há um bom homem, e no quarto (Cena 2) há um bom mensageiro. O rei Duncan tem em alto apreço o sargento que lhe traz notícias da vitória de Macbeth e usa para com ele uma linguagem que os ordenanças não estavam acostumados a ouvir (Ato 1, Cena 2). E, em *Antônio e Cleópatra*, conhecemos diversos exemplares de soldados comuns. Shakespeare põe palavras lisonjeiras na boca de Henrique V, quando se dirige às tropas antes do episódio de Agincourt:

"[...] aquele que hoje verter o sangue comigo
Será meu irmão; por muito vil que seja
Esta jornada enobrecerá sua condição [...]." (Ato 4, Cena 4)[41]

E em Harfleur ele até se mostra mais complacente:
"[...] E vós, bravos homens
Da guarda formados na Inglaterra, mostrai-nos aqui
O valor de vosso torrão; fazei-nos jurar
Que sois dignos de vossa raça, o que não duvido,
Porque não há um só de vós, por vil e baixo que seja,
Cujos olhos não brilhem como uma nobre chama!
[...]" (Ato 3, Cena 1)[42]

Soldados e recrutas sempre se desejam o bem antes de uma batalha.

---

41 Shakespeare. *Obra completa*, v. III, p. 340.
42 Shakespeare. *Obra completa*, v. III, p. 315.

"Oh, é Tommy aqui e Tommy lá e Tommy lá se vai;
Mas é isso, obrigado, senhor Atkins, quando a banda
começar a tocar." [43]

Gostaria de acrescentar alguns exemplos das obras de Shakespeare em que representantes das classes inferiores demonstrassem uma conduta séria e digna de estima, ou de um tratamento de consideração para com eles por parte de seus "superiores", mas não fui capaz de encontrar nenhum e minha lista minguada deve terminar aqui.

Porém, para retornar a Tommy Atkins, repare que ele deixa de ser o senhor Atkins quando a batalha termina. Montjoy, o arauto francês, chega até o rei da Inglaterra com uma bandeira branca e pede que lhes seja permitido enterrar seus mortos:

"[...] e separar nossos nobres dos simples soldados,
Pois muitos de nossos príncipes (desgraçado dia!)
Estão empapados e mergulhados em sangue mercenário
Enquanto que nossos mortos vulgares banham seus membros rústicos
No sangue dos príncipes." (*Henrique V*, Ato 4, Cena 7)[44]

---

43 Tradução direta de dois versos da peça que foram usados no poema "Tommy" de Rudyard Kipling: *"O it's Tommy this, an' Tommy that, an' " Tommy, go away"; / But it's " Thank you, Mister Atkins," when the band begins to play"*.
44 Shakespeare. *Obra completa*, v. III, p. 346-347.

Com idêntica cortesia Ricardo III, no campo de Bosworth, fala de seus adversários aos nobres à sua volta:
"Lembrai-vos daqueles a quem ides fazer frente! —
Um bando de vagabundos, tratantes e desertores,
A ralé da Bretanha e vis lacaios camponeses [...]"
(Ato 5, Cena 3)[45]

Mas Shakespeare não se limita a usar esses epítetos para o exército. Uma vez que sua opinião das classes inferiores, tomadas individualmente, não é das melhores, ainda pior é sua opinião quando essas classes são tomadas *en masse* e, para ele, uma multidão de simples trabalhadores braçais inteira é o pior de tudo. "Trapos caseiros de cânhamo!" E Puck assim os chama repetidamente:
"[...] uma companhia de cômicos imbecis, de grosseiros artesões
Que trabalhavam para ganhar a vida nas tendas de Atenas."[46]

Bottom, o líder deles, de acordo com Oberon, é um "louco odioso" e, de acordo com Puck, "o mais raso encalecido daquela árida espécie" (*Sonhos de uma noite de verão*, Ato 3, Cenas 1 e 2; Ato 4, Cena 1). O conselho

---

45 Shakespeare. *Obra completa*, v. III, p. 654.
46 *Sonhos de uma noite de verão*, Ato 3, Cena 2. In: Shakespeare. *Obra completa*, v. II, p. 411.

de Botton para seus comparsas contém uma pequena galáxia de elogios:

"Em todo caso, Tisbe deve usar roupa branca limpa e o encarregando do papel de leão não deve cortar as unhas, pois farão as vezes de garras do animal. E todos vós, queridos atores, não deveis procurar comer cebola nem alho, porque devemos dizer palavras suaves e assim não duvido de que ouviremos dizer que nossa peça cheira bem." (*Sonhos de uma noite de verão*, Ato 4, Cena 2)[47]

A questão do hálito dos pobres tem certo peso para Shakespeare e seus personagens. Por exemplo, Cleópatra estremece quando pensa nos

"[...] Escravos artesões,
com aventais imundos, régua e martelos, no içarão para que possam ver-nos. Ficaremos envoltas na nuvem de seus hábitos pesados e malcheirosos de grosseiras comidas que usam,
forçadas a beber-lhes o bafo." (*Antonio e Cleópatra*, Ato 5, cena 2)[48]

Coriolano também tem seu olfato muito bem desenvolvido. Ele fala dos "hálitos fedorentos" do povo (Ato 2, Cena 1) e, numa outra passagem, diz:

"Vil matilha de cães, cujo mau hálito
Odeio como o pântano empestado,

---

47 Shakespeare. *Obra completa*, v. II, p. 426.
48 Shakespeare. *Obra completa*, v. I, p. 866.

E cuja simpatia estimo tanto
Quanto o cadáver insepulto e podre
Que deixa o ar corrompido e irrespirável.[49]

E ele continua insultando-os covardemente (Ato 3, Cena 3). Eles não passam de "uma multidão mutável de gente cheirando a ranço" (Ato 3, Cena 1). Seu amigo, Menênio usa da mesma delicadeza para com seus concidadãos:
"[...] Fostes vós que empestastes o ar, quando jogáveis
Para o alto vossos gorros fedorentos
E engordurados, e soltáveis gritos
Pelo exílio de Márcio." (*Coriolano*, Ato 4, Cena 7)[50]

E ele ri diante dos "homens de avental" de Comínio e de seus "bafos de comedores de alho" (Ato 4, Cena 7). Quando é pedido a Coriolano que se dirija ao povo, ele responde dizendo "Ordenai-lhes que lavem suas caras e mantenham limpos os seus dentes" (Ato 2, Cena 3). Segundo Shakespeare, o povo romano não havia feito nenhum progresso no quesito da higiene nos séculos entre Coriolano e César. Casca dá uma imagem vívida do oferecimento da coroa a Júlio e de sua rejeição: "E ainda, quando ele a recusava, a escória urrava e batia suas

---

49 Conforme tradução de Carlos Alberto Nunes. *Coriolano*. São Paulo: Editora Peixoto Neto, 2017, p. 148.
50 Conforme tradução de Carlos Alberto Nunes. *Coriolano*. São Paulo: Editora Peixoto Neto, 2017, p. 188.

palmas rachadas e atirava suas toucas suadas para o alto e soltava tanto ar fedido de sua boca porque César recusava a coroa que quase o sufocou, pois ele desmaiou e caiu com tudo aquilo. E de minha própria parte eu não ousei rir por medo de abrir meus lábios e receber o ar viciado." E ele os chama de "ralé" (*Julio Cesar*, Ato 1, Cena 2). A peça *Coriolano* é uma verdadeira mina de insultos ao povo, a ponto de se tornar cansativo citá-los. O herói chama o povo de "besta de muitas cabeças" (Ato 4, Cena 3) e — novamente — assim ele se dirige à multidão:

MÁRCIO: [...] Que acontece,
Marotos razingueiros, que de tanto
Coçar a pobre crosta da vaidade
Vos transformais em sarna?
PRIMEIRO CIDADÃO: Só palavras boas é que nos dais.
MÁRCIO: Quem vos desse
palavras boas vos adularia
de produzir engulhos. Que vos falta,
cães ordinários, se não vos agrada
nem a paz nem a guerra? Esta vos causa
pavor; aquela vos aumenta a empáfia.
Quem se fiasse de vós, na hora precisa,
em vez de leões encontraria lebres;
em lugar de raposas, simples patos.
Não; mais seguros não vos mostrais nunca
do que um carvão ardente sobre o gelo,
ou saraiva no sol. Vossa virtude
consiste em exaltar quem abatido
se acha das próprias faltas, para, logo,

malsinar a justiça. Quem se mostra
merecedor de glória, de vosso ódio
também se mostra. Tal como os desejos
de certos doentes são vossos impulsos,
que visam sobretudo quanto possa
aumentar-lhes a doença. Quem depende
de vossa graça nada com espadanas
de chumbo e abate robles com gravetos.
Enforcai-vos! Confiar em vós? Mudais
de ideia a cada instante; achais que é nobre
quem vosso ódio até há pouco merecia,
e infame o que era vosso emblema máximo. (Ato 1, Cena 1)[51]

A mãe de Coriolano, Volúmnia, é da mesma laia dele. Ela chama o povo de "nossos palhaços ordinários" (Ato 3, Cena 2). E diz a Júnio Bruto, o tribuno do povo:

[...] Eu também? Gatos! todos!
Vós apreciar podeis seu grande mérito
Como eu penetrar posso nos mistérios
Que o céu não quer que a terra a saber venha.
(Ato 4, Cena 2) [52]

Na mesma peça Comênio fala dos "tribunos idiotas" e dos "plebeus mofados" (Ato 1, cena 9), Menênio

---

51 Conforme tradução de Carlos Alberto Nunes. *Coriolano*. São Paulo: Editora Peixoto Neto, 2017, p. 18.

52 Conforme tradução de Carlos Alberto Nunes. *Coriolano*. São Paulo: Editora Peixoto Neto, 2017, p. 159.

chama-os "plebeus bestiais" (Ato 2, Cena 1) e se refere a eles como "ovas que se multiplicam" (Ato 2, Cena 2) e diz à multidão:

"Roma e seus ratos estão prontos para a batalha." (Ato 1, Cena 2)

O dramaturgo faz a multidão recuar na frente de Coriolano. Quando ele aparece, as direções dadas para o palco mostram que "os cidadãos escapam de mansinho" (Ato 1, Cena 1).

Como as massas de Roma, na época de Coriolano, são tão inconstantes como as de César, Bruto e Antônio manipulam-nas facilmente contra os assassinos de Cesar:

PRIMEIRO CIDADÃO: Esse César era um tirano.

SEGUNDO CIDADÃO: Agora é certeza. Estamos abençoados por Roma haver-se livrado dele...

PRIMEIRO CIDADÃO: (ao ouvir a descrição do assassinato) Oh! Espetáculo lamentável.

SEGUNDO CIDADÃO: Oh! Nobre César!

TERCEIRO CIDADÃO: Oh! Dia calamitoso!

QUARTO CIDADÃO: Oh, traidores, bandidos!

PRIMEIRO CIDADÃO: Oh! Visão sangrenta!

SEGUNDO CIDADÃO: Seremos vingados!

TODOS: Vingança!... Vamos!... Procuremos!... Queimemos!... Matemos!... Degolemos!... Não deixemos que nenhum traidor fique vivo!" (Ato 3, Cena 2)[53]

---

53 Shakespeare. *Obra completa*, v. I, p. 451.

O tribuno Marullus repreende-os por haverem esquecido Pompeia e os chama:

"Troncos! Pedras! Piores do que seres inanimados!"[54]

Ele os convence a não ajudar César e, quando eles o abandonam, ele pede ao seu colega, o tribuno Flávio:

"Vê como se comove o metal mais vil de que são feitos?" (Ato 1, Cena 1)

Flávio, igualmente, os trata como pouca cortesia:

"Vede como se comove o metal mais vil de que são feitos?" (Ato 1, Cena 1)

Flávio, igualmente, os trata como pouca cortesia:

"Para casa! Gente ociosa, ide para casa!
Hoje é dia de festa? Então, ignorais, sendo artesões,
Que não deveis passear em dia de trabalho,
Com os distintos de vossa profissão? (Ato 1, Cena 1)[55]

O populacho da Inglaterra é inconstante como o de Roma, se formos acreditar em Shakespeare. O arcebispo de York, que esposou a causa de Ricardo II contra Henrique IV, assim monologa:

"A nação está doente por sua própria escolha.
A ânsia de afeto que sentia por ele tragou-o;
construção movediça e insegura
é a edificada sobre o coração de vulgo.
Oh! Louca multidão! Com que ruidosos

---

54 Shakespeare. *Obra completa*, v. I, p. 430.
55 Shakespeare. *Obra completa*, v. I, p. 419.

aplausos atroavas o céu, bendizendo Bolingbroke,
antes que fosse o que querias que fosse!
E agora que estás satisfeita em teus desejos,
estás tão saciada dele, bestial glutona,
que tu mesma te esforças para vomitá-lo.
Assim, assim, cadela imunda, expeliste
para fora de teu peito voraz o Rei Ricardo e,
agora, tens fome do morto que vomitaste e uivas,
querendo encontrá-lo." (*Henrique IV*, Parte 2, Ato 1, Cena 3)[56]

Em *Henrique IV* (Parte 2, Ato 2, Cena 4), Gloucester realça a inconstância das massas. Dirigindo-se a sua mulher, ausente, assim ele fala:

"Encantadora Nell, tua nobre alma dificilmente suportará
o povo abjeto a fitar teu rosto com olhares odiosos
e a rir de tua humilhação, ao passo que, antigamente,
seguia tua soberba carruagem,
quando passavas triunfante pelas ruas."[57]

E quando ela chega à cena, desgraçada, diz a ele:
"Vê como me olham!
Vê como a multidão leviana te aponta com o dedo
e sacode a cabeça e dirige seus olhares para ti!

---

56 Shakespeare. *Obra completa*, v. III, p. 440.
57 Shakespeare. *Obra completa*, v. III, p. 458.

Ah! Glocester, esconde-te de seus odiosos olhares"
[...]⁵⁸

E ela chama a multidão de "ralé" (Parte 2, Ato 2, Cena 4); o mesmo termo que é usado também em *Hamlet* (Ato 4, Cena 5) e, de novo, na Parte 3 de *Henrique IV*, quando Clifford, morrendo no campo de batalha, na luta pelo rei Henrique, grita:

"O baixo povo se agrupa como as moscas no verão.
E para onde voam as moscas a não ser para o sol?
E quem brilha agora, a não ser os inimigos de Henrique?" (Ato 2, Cena 6)⁵⁹

E Henrique, falando com os guardas que o haviam aprisionado em nome de Eduardo IV, diz:

"Ah! Homens simples, não sabeis o que jurais!
Olhai: sopro esta pena longe de meu rosto
e o ar a devolve para mim;
obedece a meu alento quando o sopro;
cede a outro vento quando sopra,
Sempre dirigida pela brisa mais forte;
tal é a imagem de vossa instabilidade, homens vulgares."⁶⁰

---

58 Shakespeare. *Obra completa*, v. III, p. 458.
59 Shakespeare. *Obra completa*, v. III, p. 538.
60 Shakespeare. *Obra completa*, v. III, p. 538.

Suffolk, na Parte 1 da mesma trilogia (Ato 5, Cena 5), fala dos "camponeses imprestáveis" querendo, talvez, aludir aos "camponeses sem propriedades" e, quando Salisbury chega para apresentar as exigências do povo, assim ele o chama:

"[...] lorde embaixador,
Perante o rei, de uma turma de latoeiros" (Parte 2, Ato 3, Cena 2).[61]

E diz:
"É natural que os comuns, rústicos, grosseiros
E deseducados enviem semelhante mensagem a seu soberano."[62]

O cardeal Beaufort menciona os "peões incivis da Irlanda" (*Henrique IV*, Parte 2, Ato 3, Cena 1) e — na mesma peça — a multidão que se torna ridícula gritando: "Milagre!", quando o fraudulento mendigo Simpcox, que fingia ser cego e aleijado, pula sobre uma banqueta para evitar ser chicoteado (Ato 2, Cena 1). A rainha Margaret recebe os peticionários com as palavras: "Vão embora, seus colhões ordinários!" (Parte 2, Ato 1, Cena 3), e, entre outros comentários lisonjeiros dirigidos aqui e acolá às classes inferiores, podemos citar os seguintes epítetos: "seus patifes, seus escravos incultos", dirigidos

---

61 Shakespeare. *Obra completa*, v. III, p. 474.
62 Shakespeare. *Obra completa*, v. III, p. 473.

à multidão por um porteiro de Henrique VIII, e "patifes preguiçosos", aquele dado pelo Lord Chamberlain aos carregadores, por o haverem deixado no meio da "rala ralé" (Ato 5, Cena 3). Humbert, em *Rei João*, nos presenteia com uma imagem crua do povão que recebe a notícia da morte do príncipe Arthur:

"Vi o ferreiro que assim estava parado com o martelo,
enquanto que o ferro esfriava na bigorna, devorando
com a boca aberta as notícias de um alfaiate
que, com as tesouras e a medida na mão,
calçando chinelos que, em sua viva precipitação,
pusera com os pés trocados, falava a respeito de milhares de franceses
belicosos já preparados em linha de batalha no Kent.
Um outro artífice, magro e sujo,
interrompeu-lhe o relato, para falar a respeito da morte de Arthur." (Ato 4, Cena 2)[63]

Macbeth, enquanto sondava os assassinos que pretendia empregar e que lhe dizem: "Somos homens, senhor", assim responde:
"No catálogo passam por homens,
Iguais aos galgos, lebréis, mastins, perdigueiros,
Cão-d'água e cão bobo, chamados

---

63 Shakespeare. *Obra completa*, v. III, p. 57.

[todos] pelo nome de cães." (Ato 3, Cena 1)⁶⁴

Enquanto Coriolano é tido como um modelo de nobre comportamento para com o povo, Ricardo II condena a atitude cortês do futuro Henrique IV, rumo ao banimento. Ele diz:

"Nós mesmos, Bushy, Bagot aqui presente e Green,
Observamos sua cortesia com o vil populacho;
Como sabia insinuar-se em seus corações
Com humildes e familiares finezas;
A reverência que arrojava como pasto aos vilões;
Fazendo corte a pobres trabalhadores com o artifício de seus sorrisos
E o porte de sua resignação na desgraça,
Como se quisesse desterrar consigo o afeto deles.
Tirou o chapéu para uma vendedora de ostras;
Dois carreteiros lhe desejaram a proteção de Deus
E tiveram o tributo de seu flexível joelho
Com 'Obrigado', meus compatriotas, meus queridos amigos." (*Ricardo II*, Ato 1, Cena 4)⁶⁵

O rei da França, em *Bem está o que bem acaba*, enaltece, para Bertram, o exemplo de seu falecido pai em suas relações com seus inferiores:

---

64 Shakespeare. *Obra completa*, v. I, p. 499.
65 Shakespeare. *Obra completa*, v. III, p. 91.

"[...] ele os tratava
Como pessoas de linhagem superior;
Abaixava sua grandeza eminente ao nível humilde deles,
Fazendo-os ficar orgulhosos de sua humildade e
Humilhando-se diante dos seus pobres elogios.
Semelhante homem
Devia servir de modelo para a juventude de nossos mais novos tempos. [...]" (Ato 1, Cena 2)[66]

Shakespeare não gostava desses "mais novos tempos" com sua crescente sugestão de democracia. Por desprezar as massas, ele não nutria nenhuma simpatia pela ideia de melhorar sua condição e aumentar seu poder. Via os sinais dos tempos com um pressentimento, tal como seu herói, Hamlet:

"Por Deus, Horácio, nesses três anos eu notei isso, os tempos tornaram-se tão inclusivos que o dedão de um camponês chegou tão perto do calcanhar de um cortesão que esfolou seu pé."

De acordo com Shakespeare, pode estar havendo demasiada liberdade — "Liberdade demais, meu Lúcio, liberdade" (*Medida por medida*, Ato 1, Cena 3), mas a ideia de uma autoridade exagerada é estranha a ele. Cláudio, ele mesmo preso, assim desfia seus elogios:

---

66 Shakespeare. *Obra completa*, v. II, p. 641.

"Assim, este semideus, a Autoridade,
Fez que paguemos nossas faltas por peso.
A espada do céu fere quem quer, poupa quem quer.
Mesmo assim, é sempre justa." (*Medida por medida*, Ato 1, Cena 3)[67]

Ulisses, em *Troilo e Créssida* (Ato 1, Cena 3), desfia um longo panegírico à autoridade, classe, grau, que pode ser tomado como a confissão de fé de Shakespeare:

"[...] A hierarquia
embuçada se achando, os seres ínfimos
com máscara aparecem mui vistosos;
os próprios céus, os astros e seu centro
revelam propriedade, grau e postos,
hora, estação, parada, curso e forma,
hábito e ofício em modelar sequência.
Por isso tudo o sol, planeta excelso,
em nobre preeminência o trono ostente
em sua esfera própria, entre outros astros; seu
olho salutar corrige os males
que as estrelas nocivas ocasionam,
e, com editos reais, sem contradita
promove bens e males. Porém, quando
em nociva mistura os astros andam,
desordenadamente, que de pragas,

---

[67] Shakespeare. *Obra completa*, v. II, p. 145.

portentos, que desordens, terremotos,
que agitações dos ventos e das ondas
transmutações, catástrofes, horrores,
fendem, abalam, desarraigam, tiram,
quase, dos próprios gonzos a unidade
e a calma consorciada dos Estados!
Quando abalada fica a hierarquia,
que é a própria escada para os altos planos,
periclita a obra toda. Como podem
ter estabilidade duradoura os degraus das escolas,
os Estados,
os membros das corporações, o tráfico
pacífico entre praias afastadas,
os direitos do berço e nascimento,
de primogenitura, os privilégios
da idade, louros, cetros e coroas,
se a desfazer-se viesse a hierarquia?
Tirai a hierarquia; dissonante
deixai só essa corda, e vede a grande
discórdia que se segue! As coisas todas
cairão logo em conflito; as fortes ondas,
contidas até então em seus limites,
o seio elevarão além das praias,
a papa reduzindo a terra firme;
sobre a fraqueza dominará a força;
o rude filho ao pai tirará a vida;
a força será direito; o justo e o injusto —
cuja tensão contínua, equilibrada
sempre é pela justiça — acabariam

perdendo o nome, como também esta.
Todas as coisas no poder se abrigam;
o poder, na vontade,
que se abriga, por sua vez, na cobiça. Ora, a cobiça,
esse lobo de todos, tendo o apoio
redobrado da força e da vontade,
transforma logo em presa o mundo todo,
para a si mesmo devorar por último.
Grande Agamenon,
sufocada que seja a hierarquia,
segue-se o caos ao seu abafamento.
Esse desprezo aos graus é que ocasiona
Retrocessos, até mesmo quando
Tentamos a escalada. Desprezo
É o general pelo que abaixo dele
Se acha um degrau apenas; este. Pelo
Que se lhe segue; este último, pelo outro
Mais de baixo. Os degraus, dessa maneira,
Tomando como exemplo o que primeiro
Para o seu superior mostrou desprezo,
De uma invejosa febre se revelam
Dominados, do ciúme exangue e pálido.
Troia só está de pé por essa febre,
Não por que tenha nervos: se Troia é forte,
nossa fraqueza tem como suporte."[68] (Ato I, Cena 3)
Não há nenhuma pista nessa eloquente peroração

---

[68] Conforme tradução de Carlos Alberto Nunes para *Troilo e Créssida*. São Paulo: Editora Peixoto Neto, 2017, p. 38-40.

sobre a dificuldade de determinar, entre os homens, quem será o sol e quem será o satélite, nem, de fato, que as leis que vigoravam na época de Shakespeare, dependiam — de qualquer maneira — da mera força que Ulisses desaprovava. Numa outra cena da mesma peça, o astuto filho de Ítaca dá novamente vazão à sua paixão pela autoridade e elogia de forma um tanto extravagante o Estado onipresente, predador:

"Num vigilante Estado há providência
que conhece as partículas mais íntimas
de todo o ouro de Pluto, o fundo alcança
dos mais negros abismos, consonante
fica com o pensamento e, como os deuses,
descobre a ideia dos seus berços mudos.
Há na alma dos Estados um mistério
com que jamais ousa meter-se a história,
de mecanismo muito mais divino
do que possa exprimir a voz ou a pena." (*Troilo e Créssida*, Ato 3, cena 3)[69]

O Estado ao qual Ulisses se refere é, obviamente, o estado monárquico, e a ideia de democracia é malvista, em Shakespeare. Coriolano manifesta a opinião que tem dela, quando assim se dirige ao povo:

---

[69] Conforme tradução de Carlos Alberto Nunes. *Troilo e Créssida*. São Paulo: Editora Peixoto Neto, 2017, p. 124.

"Que aconteceu? Por que motivo em vários
quarteirões da cidade gritais tanto
contra o nobre Senado que, sob a égide
dos deuses, vos mantém sempre com medo,
que, do contrário, vos devoraríeis
uns aos outros?" (Ato 2, Cena 1)[70]

O povo deve ter voz, no governo
"de dois poderes,
no qual uma parte sente desprezo, com razão, da outra,
sendo por ela, sem nenhum motivo, coberta só de
injúrias;
em que os títulos, a experiência,
a nobreza não consegue decidir coisa alguma
sem que alcancem o sim ou o não da estupidez dos
muitos:
acabará das reais necessidades se descuidando,
para ver-se presa da inconstante fraqueza.
Quando todos os propósitos, todos,
morrem frustros, tudo passa a ser feito sem propósito.
Por isso vos conjuro, vós que menos
medrosos quereis ser do que discretos;
que amais os fundamentos da república
bastantemente para não quererdes vê-los modificados; que

---

70 Conforme tradução de Carlos Alberto Nunes. *Coriolano*. São Paulo: Editora Peixoto Neto, 2017, p. 18.

uma vida com nobreza anteponhes à existência prolongada e sem cor,
e arriscaríeis aplicar um remédio perigoso num corpo que,
sem isso, perecera: já tirai à multidão a língua;
que ela não lamba o mel que é seu veneno." (*Troilo e Créssida*, Ato 3, Cena 1)⁷¹

É a nobreza quem deve governar:
"É de caso pensado; houve conjura
Para dobrar o voto da nobreza.
Tolerai isso e, após, viverei com quem
Não sabe nem mandar nem ser mandado." (*Troilo e Créssida*, Ato 3, Cena 1)⁷²

Júnio Bruto tenta em vão discutir com ele, mas Coriolano não tem paciência com ele, "um tritão no meio de peixinhos"; e o simples fato de que deve haver tribunos indicados para o povo desgosta-o:
"[…] Cinco
Tribunos, por escolha livre deles,
para defesa da sabedoria
do populacho. Júnio Bruto é um deles,
e Sicínio Veluto, e… os outros. Bolas! —

---

71 Conforme tradução de Carlos Alberto Nunes. *Coriolano*. São Paulo: Editora Peixoto Neto, 2017, p. 115-116.
72 Conforme tradução de Carlos Alberto Nunes. *Coriolano*. São Paulo: Editora Peixoto Neto, 2017, p. 20.

Como posso saber? Destelharia
Primeiro essa canalha Roma inteira,
Antes de obter de mim uma tal coisa.
O tempo os deixará mais fortes, sobre
Dar nascimento e temas de mais peso,
Para novas revoltas." (Ato 1, Cena 6)[73]

E novamente:
"[...] a plebe numerosa — a peste em todos! E vão ter tribunos!" (Ato 1, Cena 6)[74]

Shakespeare tirou de *As vidas* de Plutarco o material para seu Coriolano e é significativo que ele tenha escolhido daquela lista de sumidades o mais conspícuo adversário da plebe que Roma produziu. Ele o apresenta como herói e — na medida do possível — tenta suscitar nossa simpatia por ele, do começo ao fim. Quando Menênio diz dele:

"A natureza dele é nobre demais para o mundo." (Ato 3, Cena 1)

Ele, evidentemente, está repetindo o veredito do autor. O tratamento que Plutarco dá a Coriolano é bem

---

[73] Conforme tradução de Carlos Alberto Nunes. *Coriolano*. São Paulo: Editora Peixoto Neto, 2017, p. 20.

[74] Conforme tradução de Carlos Alberto Nunes. *Coriolano*. São Paulo: Editora Peixoto Neto, 2017, p. 44.

diferente. Ele mostra, sim, suas boas qualidades, mas não hesita em falar de "seu caráter imperioso e suas maneiras selvagens, demasiado arrogantes para uma república". "Sem dúvida", ele acrescenta, "não há outra vantagem que possa ser dada por uma educação liberal como o polimento e a suavização de nossa natureza pela razão e pela disciplina." Ele conta-nos, também, que Coriolano justificava "suas paixões irascíveis pela suposição de que elas tinham algo de grande e de exaltado e que ele desejava "uma mistura conveniente de gravidade e brandura, que são as principais virtudes políticas e frutos da razão e da educação". "Ele nunca imaginou que uma obstinação daquelas fosse antes o efeito da fraqueza e da efeminação de uma mente destemperada, que estoura em paixões violentas como fazem muitos tumores." Aparentemente, Shakespeare também nunca imaginou isso, embora tivesse à sua frente as sábias observações de Plutarco. É uma pena que o grande dramaturgo não tenha tirado dos trabalhos de Plutarco algum herói que tomasse o partido do povo, como Ágis ou Cleômenes, ou, melhor ainda, um dos Gracos. Que tragédia ele teria podido construir a partir da vida de Tibério, o amigo do povo e o mártir de sua causa! Mas o espírito que guiou Schiller na escolha de Guilherme Tell como herói era estranha ao coração de Shakespeare e sua sugestão não teria encontrado nenhuma resposta.

Ainda mais surpreendente é o tratamento que o autor de Coriolano dá à história da Inglaterra. Dois de seus dramas históricos ingleses são dedicados à Guerra das Rosas e do conflito incidental que ocorre com a coroa francesa. O motivo da prolongada contenda — tão atraente para Shakespeare — tinha a mesma dignidade que distingue as intrigas familiares da Porta Sublime, e Shakespeare apresenta a história de seu país como um mero desfile de realezas e de suas comitivas que guerreiam entre si. Quando é permitido ao povo intervir, como na rebelião de Cade, à qual Shakespeare atribuiu o caráter de levante sob Wat Tyler, ele é transformado em tema para o burlesco. Dois dos partidos do povo falam assim:

> "HOLLAND: [...] Bem, digo que não tem havido bom tempo na Inglaterra
> desde que os nobres chegaram.
> BEVIS: Oh! Tempo miserável! Não se presta atenção alguma à virtude dos artesãos.
> JOHN: A nobreza pensa que é uma desonra usar avental de couro." (*Henrique VI*, Parte 2, Ato 4, Cena 2)[75]

Quando Jack Cade, ou seja, Wat Tyler, sobe ao palco, mostra ser um fanfarrão e um tolo. Ele diz:
"CADE: Sejamos bravos, portanto, já que vosso capitão é bravo e jura
tudo reformar. Haverá, na Inglaterra, por um *penny* sete pães dos que hoje custam meio *penny*;

---

75 Shakespeare. *Obra completa*, v. III, p. 481.

os potes de três medidas conterão dez e tornarei crime de felonia
beber cerveja fraca. Tudo será comum no reino e meu palafrém pastará em Cheapside.
Quando eu for rei, pois, rei serei...
TODOS: Deus guarde Vossa Majestade!
CADE: Agradeço a vós todos, boa gente! Não haverá moeda,
todos comerão e beberão à minha custa, a todos vestirei com uma mesma libré, a fim de que possam entender-se
como irmãos e venerar-se como senhores." (*Henrique IV*, Parte 2, Ato 4, Cena 2)[76]

A multidão quer matar o funcionário de Chatham porque ele sabe ler, escrever e fazer contas. (CADE: "Oh, monstruosos!") Sir Humphrey Stafford chama-os:

"Aldeões rebeldes, lama e escória do Kent, marcados para as forcas." (*Henrique IV*, Parte 2, Ato 4, Cena 2)[77]

Clifford consegue, sem muita dificuldade, transferir a inimizade da multidão contra a França e Cade queixa-se, desconsolado: "Será que uma pluma voou tão facilmente de um lugar para outro como essa multidão?"

---

76 Shakespeare. *Obra completa*, v. III, p. 482.
77 Shakespeare. *Obra completa*, v. III, p. 483.

(*Henrique IV*, Parte 2, Ato 4, Cena 8) Nas rubricas para essa cena, Shakespeare manifesta a opinião que ele mesmo tem da multidão, quando escreve: "Entra Cade e sua ralé." Procura-se em vão aqui e nas peças romanas algum reparo quanto ao fato de que as pessoas pobres às vezes passam fome e necessidades injustamente, que às vezes suas queixas são justas, e que seus esforços para apresentá-las, longe de serem ridículos, são a parte mais séria da história, comparados com a qual os pavoneios dos reis e de sua corte não passam de insignificantes.

Uma das canções populares na rebelião de Tyler era o famoso par de versos:

"Quando Adão cavava e Eva fiava,
Quem era o cavalheiro?"

Shakespeare alude a ele em *Hamlet*, onde os coveiros são vistos assim:
"PRIMEIRO PALHAÇO: Vem, minha pá. Não há nobreza mais antiga
do que a dos jardineiros, agricultores e coveiros: eles continuam a tradição de Adão.
SEGUNDO PALHAÇO: Ele era nobre?
PRIMEIRO PALHAÇO: O primeiro do mundo.
SEGUNDO PALHAÇO: Nunca ouvi isso!

PRIMEIRO PALHAÇO: Você é um herege? Nunca leu a escritura? A escritura diz que Adão cavava. Podia ele cavar sem braços?" (Ato 5, Cena 1)[78]

A caricatura de Shakespeare da revolta de Tyler é uma indicação clara do que ele acha de qualquer levante popular. Isso se nota pelos comentários que Westmoreland faz ao Arcebispo de York, na segunda parte de *Henrique IV* (Ato 4, Cena 1):

"[...] Se essa rebelião
Nascesse por si entre as multidões baixas e abjetas;
Se fosse conduzida por uma juventude sanguinária,
Recrutada entre esfarrapados e sustentada por crianças
E mendigos; se, digo eu, essa maldita
Comoção se tivesse mostrado sob seu verdadeiro
Aspecto, nativo e mais apropriado,
Vós, Reverendo Padre, e estas nobres
dignidades não teriam estado aqui para vestir
A forma repugnante
de uma vil e sangrenta insurreição."[79]

---

78 Conforme tradução de Millôr Fernandes. *Hamlet*. Porto Alegre: Editora L&PM, 2001, p. 118.
79 Shakespeare. *Obra completa*, v. III, p. 256.

A primeira e a última das peças históricas de Shakespeare, *Rei João* e *Henrique VIII*, vão além dos limites das guerras civis e cada uma delas trata de um período importante nos anais da liberdade da Inglaterra, fato esse que Shakespeare ignora completamente. João, como rei, teve duas grandes infelicidades — a desgraça lhe adveio pelas mãos de seus barões e pelas mãos do papa. Do primeiro evento, o fato de a Carta Magna haver sido arrancada do rei, Shakespeare não toma conhecimento. Um sentido de orgulho nacional poderia ter justificado a omissão da segunda humilhação, mas não foi isso que aconteceu. Tratou-se de um triunfo da autoridade e — enquanto tal — Shakespeare sentiu-se levado a registrá-lo para edificação de seus ouvintes. Temos, portanto, o rei apresentado no palco como recebendo mansamente a coroa de um agente do papa (Ato 5, Cena 1). A Inglaterra se libertou do jugo romano durante o reinado de Henrique VIII e, na peça com esse nome, Shakespeare podia ter compensado a indignidade à qual fora forçado o rei João, mas o dramaturgo ficou em silêncio. Nada deveria ser dito contra a autoridade, mesmo contra a autoridade do papa, e a peça culmina com o desfile e a pompa da cristianização de Elizabeth criança! Essa é a concepção que Shakespeare tem da história! Quem poderia adivinhar, ao ler essas peças históricas inglesas, que no período que elas cobrem, a liberdade ia crescendo, na Inglaterra, e que a justiça e os direitos humanos estavam se afirmando, enquanto o despotismo ia sendo gradualmente limitado, reprimido? Essa é a grande glória da história da Inglaterra que se exibe em Runnymede, se reflete em Wyclif e John Ball e em Wat Tyler e tem um brilho incerto no nascimento de uma igreja nacional, sob Henrique VIII. Tal como Shakespeare escreveu, estava se preparando uma nova grande explosão. Quando Shakespeare morreu, Oliver Cromwell já tinha 17 anos e John Hampden 22. Hampden tinha um espírito preeminentemente inglês — o espírito que distinguiu a raça anglo-saxã — e ele e Shakespeare eram praticamente contemporâneos, mas, mesmo assim, não há vestígios desse espírito que possam ser encontrados nas peças históricas inglesas e não há oportunidades que tenham sido perdidas para obliterar ou distorcer suas manifestações. Apenas em Brutos e seus companheiros conspiradores, entre todos os personagens de Shakespeare, nós encontramos considerações mínimas quanto à liberdade. Mesmo ali, Shakespeare comete o erro comum — e quem sabe, inevitável, nessa época — de negligenciar os ensinamentos genuinamente democráticos de Júlio César, e o caráter antipopular da trama bem-sucedida que foi armada contra ele.

Em todos as épocas tem sido um passatempo para as mentes nobres tentar representar um estado perfeito da sociedade. Quarenta anos antes do nascimento de Shakespeare, Sir Thomas More publicou sua *Utopia*, para o mundo. Bacon quis fazer o mesmo com a *Nova Atlântida*, mas não chegou a completar a obra, enquanto Sir Philip Sidney apresenta-nos seu sonho em *Arcádia*. Montaigne escreve um ensaio da mesma espécie, do qual citamos um trecho, traduzido ao inglês por Florio e publicado em 1603:

"É um povo, responderia eu a Platão, no qual não há a menor espécie de comércio; nenhum conhecimento das letras; nenhuma ciência dos números; nenhum título de magistrado nem de autoridade política; nenhum uso de servidão, de riqueza ou de pobreza; nem contratos; nem sucessões; nem partilhas; nem ocupações, exceto as agradáveis; nem vestimentas; nem agricultura; nem metal; nem uso de vinho ou de trigo. As palavras que designam a mentira, a traição, a dissimulação, a avareza, a inveja, a maledicência e o perdão são inauditas".[80]

É fácil inferir que havia pouco para que Shakespeare simpatizasse com esse esboço extravagante de uma nação feliz, mas ele cai no extremo oposto ao travesti-lo. Em *A tempestade*, ele faz Gonzalo, o caráter mais nobre da peça, usar a seguinte linguagem ao dirigir-se ao inevitável rei (Shakespeare não consegue imaginar nem mesmo uma ilha deserta sem um rei!):

"GONZALO (a Alonso): Se eu colonizasse esta ilha, meu senhor

---

80 Conforme tradução de Rosemary Costhek Abílio. MONTAIGNE, Michel de. *Os ensaios*. 2. ed., São Paulo: Martins Fontes, 2020 (Livro I, capítulo 31, p. 309).

[...] Nessa nação faria tudo ao contrário,
Não admitiria nenhum tipo de comércio,
Nenhuma espécie de magistrado;
As letras, desconhecidas; riqueza, pobreza,
Criados, nada; contrato, herança,
Propriedade de terras, cultivo, vinhedo, nada;
Nenhum uso de metal, milho, vinho ou azeite;
Sem trabalho, todos os homens ociosos, todos,
E as mulheres também, mas inocentes e puras;
Nenhuma soberania...
SEBASTIAN: Sendo ele o soberano.
ANTÔNIO: O final dessa nação esqueceu o seu início.
GONZALO: Tudo o que a natureza produz seria de uso comum,
Sem suor ou esforço. Não haveria traição, crime,
Espada, lança, faca, espingarda ou engenho,
Pois a própria natureza proveria
Fartura em tudo, toda abundância,
Para alimentar o meu povo inocente.
SEBASTIAN: Nem casamento entre esses súditos?
ANTÔNIO: Que nada, serão todos vadios — putas e malandros.
GONZALO: Governaria com tal perfeição, senhor,
Que excederia a idade de ouro.
SEBASTIAN: Salve sua majestade!
ANTÔNIO: Longa vida a Gonzalo!
GONZALO: E — está me ouvindo, senhor?
REI: Peço, chega. Não me fale mais nada.

GONZALO: Creio em Vossa Alteza, mas assim o fiz para proporcionar uma
oportunidade para esses senhores, que têm pulmões sensíveis e
vivazes para rir por nada". (*A tempestade*, Ato 2, Cena 1)[81]

Que tudo não está para melhor no melhor de todos os mundos possíveis parece ser o resultado das sábias considerações feitas pelos pescadores que animam a a primeira cena do segundo ato de *Péricles, príncipe de Tiro* (1608). Eles comparam os senhores de terra a baleias que tudo engolem e sugerem que a terra seja purgada "desses zangões que roubam as abelhas de seu mel"; e Péricles, longe de ficar chocado por esses vulgares sentimentos revolucionários, impressiona-se com seu peso e fala com bondade dos humildes filósofos que, por sua vez, são hospitaleiros e acolhem o príncipe naufragado — todo esse material tão pouco shakespeariano aumenta a suspeita quanto à autenticidade de sua autoria.

Por mais agudo que tenha sido o *insight* de Shakespeare no coração de seus personagens de nascimento ilustre, ele não concebia a unidade da raça humana. Para ele, o príncipe e o camponês não são da mesma espécie.

---

[81] Conforme tradução de Rafael Raffaelli. *A tempestade*. Florianópolis: Editora da UFSC, 2014, p. 150, 152.

"Pois os príncipes são
Um modelo que o céu faz semelhante a si,"

diz o rei Simônides na peça *Péricles* e aqui, finalmente, parece-nos ver a mão de Shakespeare (Ato 2, Cena 2). Os dois príncipes, Guiderius e Arviragus, criados secretamente numa caverna, mostram sua origem real (*Cimbelino*, Ato 3, Cena 3) e os servos que veem Coriolano disfarçado, são impressionados por sua figura nobre (*Coriolano*, Ato 4, Cena 5). Os bastardos, naturalmente, são os vilões, testemunham Edmundo em *Lear* e John em *Muito barulho por nada* e nenhum grau de desprezo é demasiado alto para um

"ser degradado como aldeão nascido atrás
de uma sebe e que ousasse gabar-se de possuir sangue nobre" (*Henrique VI*, Parte 1, Ato 4, Cena 1).[82]

A coragem só pode ser esperada de quem nasceu nobre. O duque de York diz:

"deixa que o temor do pálido rosto se aloje nas pessoas de baixa extração
e não lhe concedas asilo em um coração real."
(*Henrique VI*, Parte 2, Ato 3, Cena 1)[83]

---

82 Shakespeare. *Obra completa*, v. III, p. 408.
83 Shakespeare. *Obra completa*, v. III, p. 467.

Na medida em que as classes inferiores mantinham alguma relação com as superiores, ela era de dependência e obrigação, pensava Shakespeare. Não era o lavrador que alimentava o senhor da herdade, mas era antes o senhor que sustentava o camponês. Por acaso o rei tem de perder o sono e se preocupar pelas pessoas que lhes são sujeitas? É assim que Henrique V lamenta o fato de não poder dormir:

> "[...] tão profundamente quanto dorme um miserável escravo
> que, tendo o corpo cheio e o espírito vazio,
> vai descansar, satisfeito com o pão ganho pela miséria,
> sem jamais conhecer a hórrida noite, filha do Inferno!
> Porém, desde o nascer até o pôr do sol
> sua como um escravo sob o olhar de Febo e durante toda a noite
> dorme no Eliseu! [...]
> O servo, membro de uma sociedade pacífica,
> goza a paz; porém, seu grosseiro cérebro pouco se preocupa
> com as vigílias que custou ao rei, para que pudesse manter a paz,
> de cujas doces horas desfruta melhor o aldeão!"
> (*Henrique V*, Ato 4, Cena 1)[84]

---

84 Shakespeare. *Obra completa*, v. III, p. 337.

Todas essas linhas aparecem no fim de uma passagem em que o rei lamenta a "cerimônia" que o oprime e confessa que, se não fosse por ela, ele "só seria um homem". Essa admissão, entretanto, é feita por ele num momento de perigo e depressão. Henrique IV também invoca o sono (Parte 2, Ato 2, Cena 1):

"Ó deus estúpido! Por que dormes com gente baixa em camas infectadas?"[85]

Mas as pessoas simples têm de vigiar, às vezes, e a sentinela francesa encontra ocasião de dizer, na mesma circunstância de tensão:

"(Enquanto os outros dormem tranquilamente em seus leitos)
Somos obrigados, pobres servidores,
a velar, sob as trevas, a chuva e o frio. (*Henrique VI*, Parte I, Ato 2, Cena 1)[86]

Henrique VI também é atraído pela sorte do camponês:
"Ó Deus! Parece-me que seria feliz levando a vida de um simples pastor. [...]
a simples coalhada do pastor,
a bebida fria e clara que extrai de sua garrafa de couro,

---

85 Shakespeare. *Obra completa*, v. III, p. 24.
86 Shakespeare. *Obra completa*, v. III, p. 386.

o sono que tem o costume de gozar sob a sombra fresca de uma árvore,

todas as coisas que desfruta com doçura,
o colocam acima dos refinamentos que rodeiam o príncipe." (*Henrique VI*, Parte 3, Ato 2, Cena 5)[87]

Tudo isso é bastante natural, mas tem gosto de hipocrisia na boca de homens que lutam árdua e longamente para se manter no trono.

Já tivemos ocasião de mostrar com as referências às peças da época que o argumento dos costumes daqueles tempos não é suficiente para explicar a atitude de Shakespeare em relação às classes inferiores, mas, se ampliarmos o alcance de nosso levantamento à totalidade do campo das letras inglesas dos seus dias, veremos que ele estava percorrendo o caminho contrário das melhores tradições de nossa literatura. Desde o tempo de Piers, o lavrador — o camponês era bem cotado junto aos grandes poetas e prosadores. O famoso ciclo dos contadores de histórias de Chaucer, no Tabard Inn de Southwark, era eminentemente democrático. Junto com o frade e o cavaleiro estavam reunidos:

---

87 Shakespeare. *Obra completa*, v. III, p. 533.

"Um merceeiro e um carpinteiro,
Um tecelão, um tintureiro, um tapeceiro",[88]

e os contos do cozinheiro e do moleiro são colocados no mesmo plano daqueles do cavaleiro e do jurista. Shakespeare também tinha em mãos a Bíblia Inglesa e devem-lhe haver sido familiares tanto os reis pastores quanto os apóstolos pescadores. No mesmo ano em que apareceu *Hamlet* [1601 ou 1602], havia sido publicado, na Espanha, um trabalho logo traduzido para o inglês, tido hoje em dia como um dos escritos de Shakespeare. Se há um lugar onde o campesinato deveria ser desprezado e negligenciado, esse lugar era a orgulhosa e aristocrática Espanha. Mesmo assim, para ser colocado ao lado dos shakespearianos Bottoms [Traseiros] e Slys [Manhosos], Cervantes nos deu o admirável Sancho Pança e dispensou seu humor afetuoso, em igual medida, tanto ao servo, quanto ao dono. Será que teríamos de acreditar que os soldados da cavalaria inglesa que rechaçaram a Armada eram inferiores aos camponeses espanhóis que eles venceram? Ou será, antes, verdade que o escritor espanhol tinha uma visão mais profunda do coração de seu país do que foi dado ter ao dramaturgo inglês?

---

88 Piers the Plowman (Piers, o lavrador) é considerado uma das obras-primas da literatura medieval inglesa, supõe-se de autoria do poeta William Langland (c. 1330-c. 1386). Nesse poema podem ser encontradas as primeiras referências para Robin Hood, herói mítico inglês que teria vivido no século XII.

Cervantes, o soldado e aventureiro, elevou-se acima dos preconceitos de sua classe, enquanto Shakespeare nunca levantou seus olhos além do horizonte limitado da corte a que ele atendia. Era o amor que abria os olhos de Cervantes e é justamente o amor que a tudo abraça que faltou a Shakespeare. No que se refere ao povo em geral, ele nunca espelhou sua natureza.

Mas o livro que, mais do que outros, teria podido sugerir a Shakespeare que havia mais nas reinvindicações das classes inferiores do que era sonhado em sua filosofia, foi o livro de More, *Utopia*,[89] que, na sua forma inglesa, já era um clássico. More que, em sua época, era o homem mais rico e mais poderoso da Inglaterra, depois do rei, não apenas acreditava no trabalhador, mas sabia quanto ele sofria devido às condições sociais injustas. Ele não poderia jamais ter representado os espezinhados seguidores de Cade-Tyler, nem a multidão esfomeada de *Coriolano,* com a total falta de empatia manifestada por Shakespeare. "Que justiça há nisso?", pergunta o grande Lord Chanceler, cujo caráter resistiu e sobreviveu ao teste da morte —, "que justiça há no fato de que um nobre, um ourives, um banqueiro, ou qualquer outro homem

---

89 Livro de 1516, escrito em latim pelo filosofo renascentista Thomas Morus [Thomas More] (1478-1535). Refere-se a um "não lugar": assim o pensador qualificou sua "sociedade perfeita". Defendia uma sociedade ideal, regida pela lei e pela religião e criticava os males políticos e econômicos de sua época.

que absolutamente nada faça, ou que — no melhor dos casos — trabalhe em coisas sem a menor serventia para o público, deva levar um vida de grande luxo e esplendor graças ao que adquiriu tão injustamente, e um homem médio — um carroceiro, um ferreiro, um lavrador — que trabalha até mais arduamente que os próprios animais e é empregado em obras tão necessárias que nenhuma comunidade poderia sobreviver sem elas, só possa ganhar meios de sustentação tão reduzidos e tenha de levar uma vida tão miserável, a ponto de a condição de vida dos animais ser melhor que a dele?"

Como isso soa diferente da concepção de Shakespeare do lugar do trabalhador na sociedade! Depois de uma vista d'olhos completa e franca sobre suas peças, Bottom, o tecelão com cabeça de traseiro, permanece seu tipo característico de artesão e as massas são "os muitos inconstantes e de cheiro forte". Será injusto tomar o disforme "servo-monstro" Calibã como as últimas palavras, sobre esse assunto?

"PRÓSPERO: [...] Visitaremos o meu escravo Calibã, que nunca
Nos concedeu uma resposta gentil.
MIRANDA: É um infame, senhor,
Não gosto de vê-lo.
PRÓSPERO: Apesar disso,
Não podemos dispensá-lo. Acende o fogo,

Busca a lenha e se presta a serviços
Que nos são vantajosos." (*A tempestade*, Ato 1, Cena 2)⁹⁰

A isso eu gostaria de responder com as palavras de Edward Carpenter:⁹¹

"Quem és tu...
Com teu anêmico escárnio por quem te ganha o pão
Por quem te veste e labuta por ti
No escuro da terra o dia e a noite inteira?"⁹²

---

90 Conforme tradução de Rafael Raffaelli. *A tempestade*. Florianópolis: Editora da UFSC, 2014, p. 370.

91 Edward Carpenter (1844-1929). Poeta inglês, socialista e filósofo, ativista político homossexual. Foi importante para a fundação do Socialismo Fabiano e do Partido Trabalhista do Reino Unido.

92 Trata-se de uma referência a uma passagem do capítulo "I come forth from the darkness" do livro *Towards democracy*, de Edward Carpenter.

CARTA DE G. BERNARD SHAW[93]
(EXTRATOS)

Conforme o senhor sabe, tenho me esforçado insistentemente para abrir os olhos dos ingleses quanto ao vazio da filosofia de Shakespeare, quanto à superficialidade e à falta de originalidade de sua moralidade, sua fraqueza e incoerência como pensador, e seu esnobismo, seus preconceitos vulgares, sua desqualificação em todos os tipos da eminência filosófica que ele reivindicava... O prefácio que escrevi para minhas *Três peças para puritanos* contém uma seção com o título de "Melhor do que Shakespeare?", que creio seja meu único comentário a respeito do assunto a ser encontrado em um livro... Está agora sendo impresso um novo prefácio para um antigo romance meu, com o título de

---

93 Publicada por Funk & Wagnalls Company. New York & London: 1906.

"O nó irracional".[94] Nesse prefácio eu declaro que as obras de primeira ordem em literatura são aquelas em que o autor, em vez de aceitar a moralidade batida e a religião corrente sem questionar de maneira alguma sua validade, escreve partindo de um ponto de vista moral próprio, fazendo com que sua obra passe a ser uma contribuição original, não apenas para as *belles lettres*, mas também para a moral, a religião e a sociologia. Eu situo Shakespeare com Dickens, Scott, Dumas pai etc. numa segunda ordem, pelo fato que, embora seus escritos nos entretenham enormemente, sua moral é sem originalidade, e saliento que a peça *Hamlet*, em que Shakespeare tentou apresentar como herói um personagem insatisfeito com a moralidade corrente, é a obra considerada a mais alta expressão de sua genialidade, embora a revolta desse mesmo herói, Hamlet, seja inconclusiva, sugerida de maneira pouco habilidosa e elaborada sem nenhuma competência filosófica.[95]

Posso sugerir ao senhor certa cautela em não considerar que a grande heresia shakespeariana de Tolstói tenha tido outro suporte a não ser o meu. O prefácio [de 1709] de Nicholas Rowe à sua edição de Shakespeare e os

---

94 Um dos três primeiros romances do socialista George Bernard Shaw (1856-1950), grande literato irlandês que recusou o Prêmio Nobel que lhe foi atribuído em 1925 "por já estar significativamente rico".

95 Além dos prefácios referidos, G. Bernard Shaw escreveu, em momentos diferentes, outros artigos a esse respeito (V. Tcherkoff).

vários prefácios do Dr. Johnson[96] contêm, por parte de Rowe, uma apologia de Shakespeare enquanto escritor com uma série de deficiências óbvias e admitidas (atribuídas ridiculamente por Rowe ao fato de ele trabalhar à "simples luz da natureza") e, por parte de Johnson, uma boa dose de crítica francamente mordaz. Convém que o senhor também dê uma olhada na história das falsificações irlandesas, embora — o que é bastante provável — Tolstói se tenha antecipado ao senhor, nisso. Entre os poetas do século XIX, Byron e William Morris viram claramente o quanto Shakespeare tinha sido superestimado intelectualmente. Há um livro francês, traduzido para o inglês e que foi lido nos últimos dez anos, que dá a opinião que Napoleão tinha do teatro. É bem interessante ele haver insistido na superioridade de Corneille sobre Shakespeare no que se refere à capacidade do primeiro de captar a situação política e de saber ver os homens em sua relação para com o Estado.

Certamente o senhor conhece as críticas de Voltaire, tanto mais dignas de nota quanto mais ele havia começado com uma admiração extravagante por Shakespeare e depois tenha se tornado cada vez mais amargo em relação a ele, à medida que ia envelhecendo e se sentindo menos disposto a aceitar o mérito artístico como uma salvaguarda contra as deficiências filosóficas.

---

96 Dr. Johnson ou Samuel Johnson (1709-1794). *Vide* nota 2.

Finalmente, eu, por mim, aprecio sobremaneira a crítica de Tolstói por ser a crítica de um estrangeiro não possivelmente seduzido pela gabolice que torna Shakespeare tão irresistível na Inglaterra.[97] Segundo a apreciação de Tolstói, ou Shakespeare permanece como pensador, ou então ele cai. A esse respeito, eu não creio que ele possa resistir ao exame imediato de um realista religioso tão tremendamente afiado e crítico. Infelizmente, os ingleses veneram seus grandes artistas de forma tão indiscriminada e exagerada que é praticamente impossível fazê-los compreender que a extraordinária força literária de Shakespeare, seu espírito, sua capacidade de mimetização e as qualidades cativantes que lhe fizeram merecer o título de *"the gentle Shakespeare"* — fatos, esses, absolutamente inquestionáveis, seja o que for que diga Tolstói —, não permanecem ou desaparecem com sua absurda reputação como pensador. Tolstói tratará certamente essa faceta de sua reputação com a severidade que merece; e o senhor verá que a imprensa imediatamente anunciará que Tolstói considera suas próprias obras maiores que as de Shakespeare (que, por sinal, em alguns aspectos certamente o são). E a imprensa ainda dirá que Tolstói tentou estigmatizar nosso maior poeta como um mentiroso, um ladrão, um falsário, um assassino, um incendiário, um bêbado,

---

97 Deve-se levar em consideração o fato de que G. B. Shaw escreveu essa carta antes de ver o ensaio de Tolstói, aqui publicado. (N.T.)

um libertino, um bobo, um louco, um covarde, um vagabundo e mesmo como um homem de ascendência nobre questionável. Mas o senhor não deve se surpreender ou se indignar com isso: trata-se do que se chama hoje de "crítica dramática" na Inglaterra e na América. Apenas poucos dos melhores de nossos críticos jornalistas dirão algo digno de se ler a respeito.

Seu, sinceramente

G. Bernard Shaw

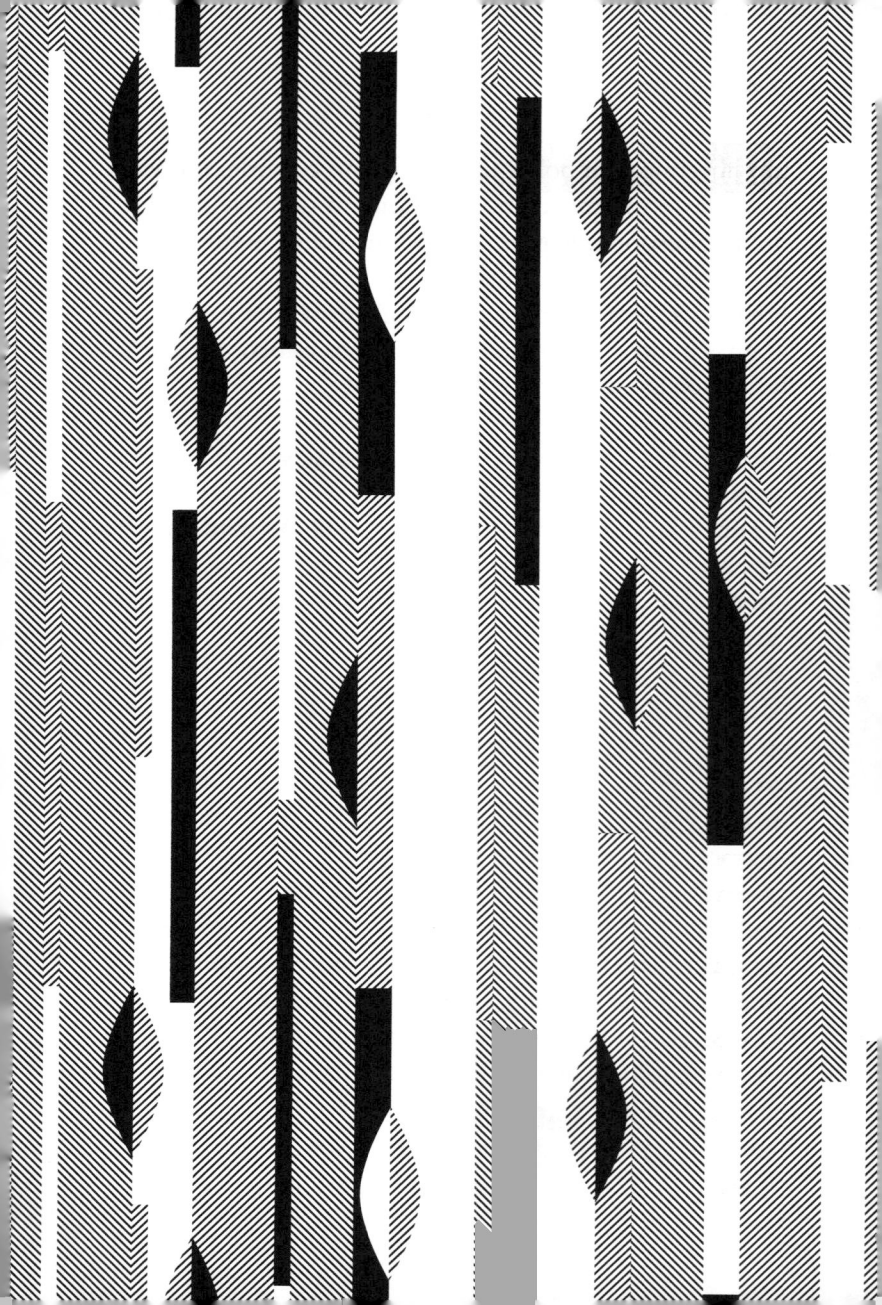

SOBRE O AUTOR

Lev Tolstói (1828, Yasnaya Polyana, Rússia - 1910, Astapovo, Rússia), filho de aristocratas latifundiários, foi inicialmente educado em casa, em meio aos livros. Depois de estudar Direito em São Petersburgo, deixou o meio acadêmico. Ao residir em Moscou e São Petersburgo, com cerca de vinte anos, entregou-se à vida mundana. Mais tarde, já inserido na vida militar, o destino o conduziu à Guerra da Crimeia (1854-1856). Em 1857 viajou pela França, Alemanha e Suíça. 1862, ano de seu casamento com Sofia Bers, marcou o início de um período tranquilo em sua vida. Famoso pelos romances *Guerra e paz* e *Ana Karenina*, foi um gênio aguerrido, cujos maiores conflitos, de ordem moral e religiosa, foram nitidamente trabalhados em sua literatura, tanto em romances como *A morte de Ivan Ilitch* (1886), *A sonata a Kreutzer* (1889), *Ressurreição* (1899) e *Padre Sérgio* (1911), quanto em ensaios como *O que é arte* (1898), *Shakespeare e o drama* (1906) e muitos outros livros de seu vastíssimo legado. Aos 82 anos resolveu fugir de casa e do conforto familiar, mas morreu logo em seguida, de pneumonia.

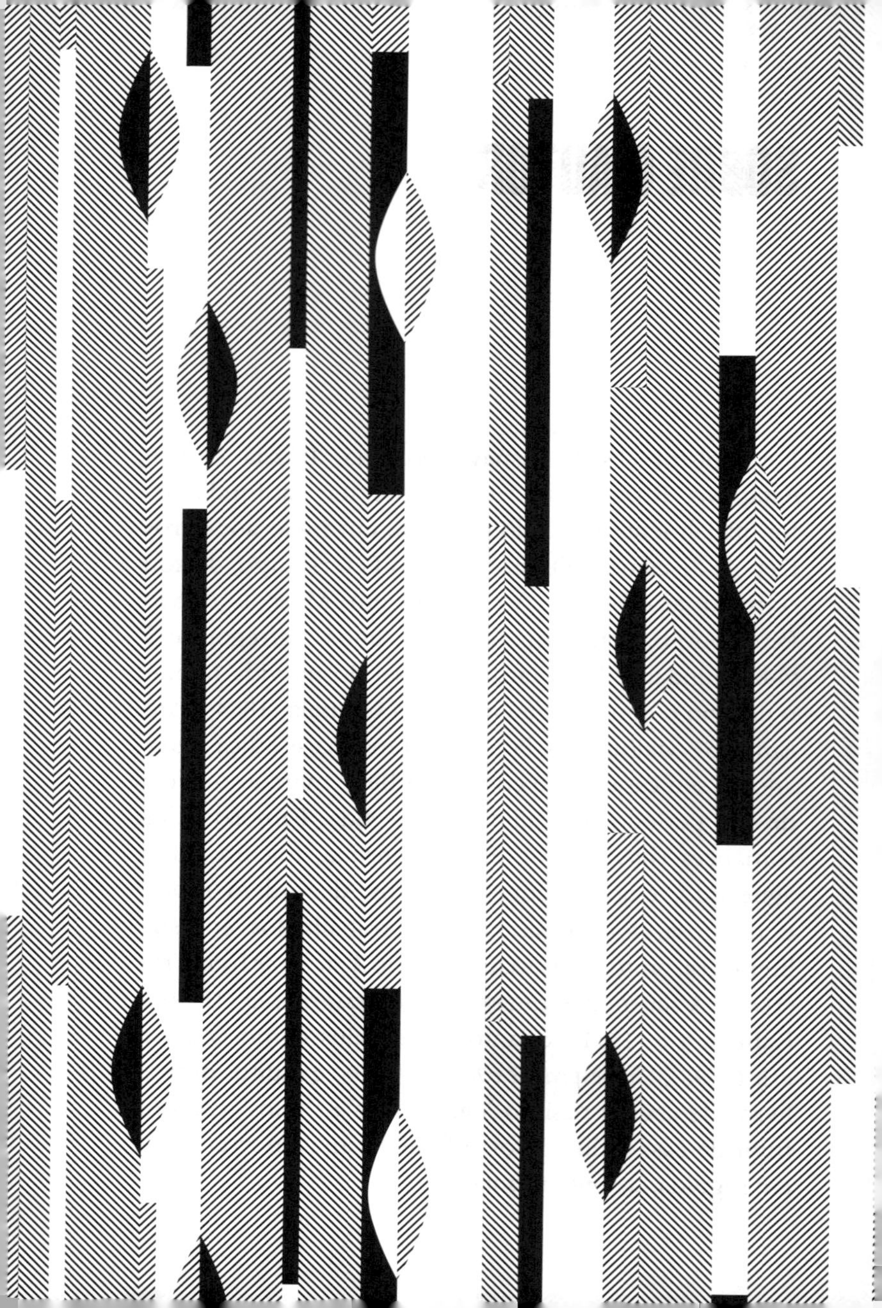

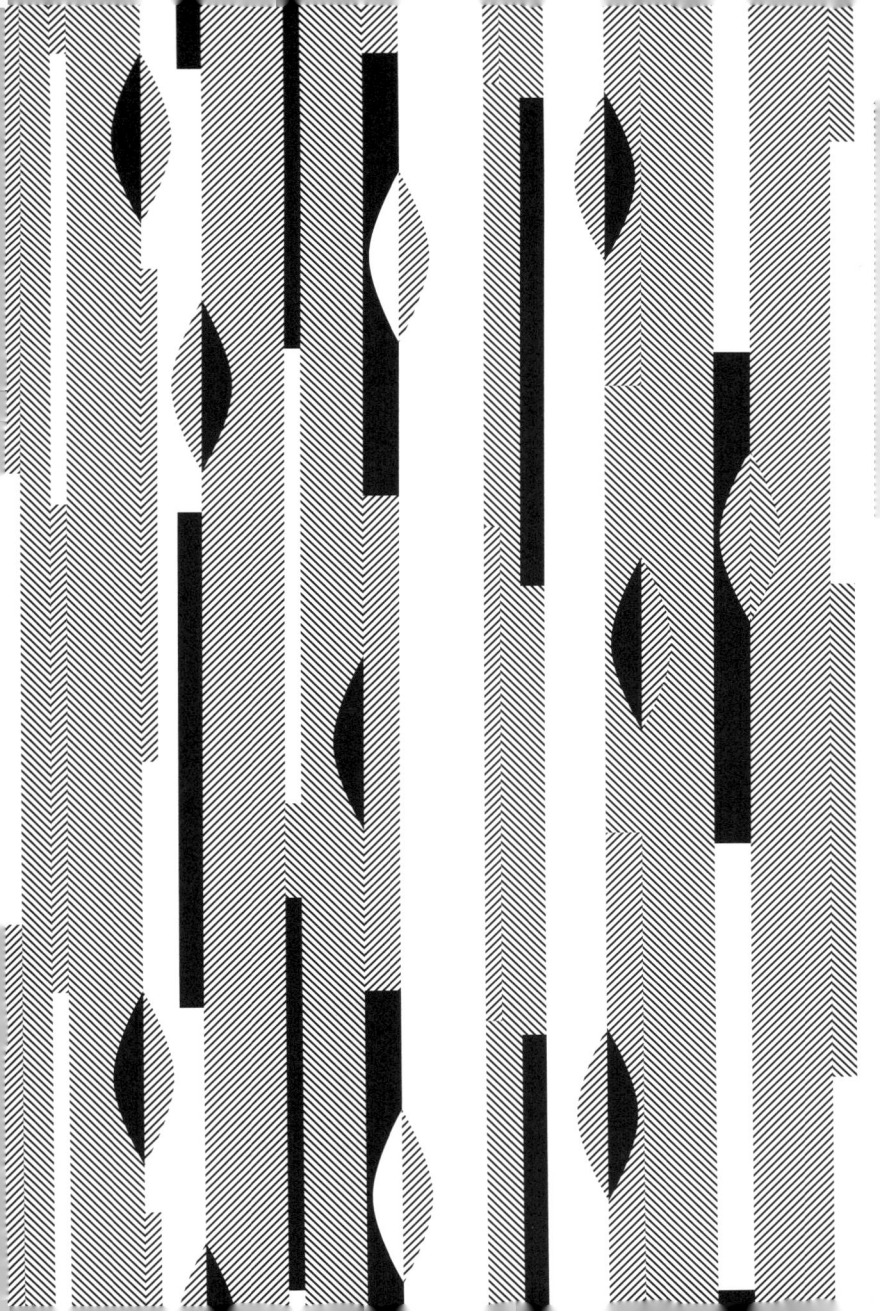

DIREÇÃO EDITORIAL
Daniele Cajueiro

EDITORES RESPONSÁVEIS
Ana Carla Sousa
André Seffrin

PRODUÇÃO EDITORIAL
Adriana Torres
Laiane Flores
Adriano Barros

REVISÃO DE TRADUÇÃO
Fernanda Lutfi

REVISÃO
Alvanisio Damasceno

PROJETO GRÁFICO
Rafael Nobre

DIAGRAMAÇÃO
Douglas Kenji Watanabe

Este livro foi impresso em 2021
para a Nova Fronteira.